普通高等教育"十三五"规划教材

企业价值评估及管理

孙付华　刘博　张莹　沈菊琴　编著

·北京·

内 容 提 要

本教材围绕企业价值管理,从资产评估的基本概念、价值观点入手,使学生掌握资产评估的基本理论与方法及企业价值评估的基本原理,对企业价值评估的市场法、收益法、成本法三大类方法的基本概念和原理、价值的组成、价值实现的途径和方式、影响因素、评估方法、绩效管理等进行系统全面介绍。目的是使读者了解和掌握企业价值评估的原理和方法、企业价值增值和考核的途径和方法,使学生在未来工作中明确工作目标和要求,更好地运用学到的知识为企业创造更大的价值。

本教材的特色在于不仅注重企业价值评估工作,同时关注企业价值的管理工作,企业价值评估方法通俗易懂,侧重实务,具有较强的可操作性。本教材适用于会计学、财务管理、资产评估及证券投资等相关专业教学,也可用于企业、资产评估机构、资产管理公司、证券公司、基金公司、商业银行等机构相关人员的培训。

图书在版编目(CIP)数据

企业价值评估及管理 / 孙付华等编著. -- 北京:中国水利水电出版社,2017.1
普通高等教育"十三五"规划教材
ISBN 978-7-5170-5556-3

Ⅰ.①企… Ⅱ.①孙… Ⅲ.①企业-价值论-高等学校-教材 Ⅳ.①F270

中国版本图书馆CIP数据核字(2017)第137591号

书　　名	普通高等教育"十三五"规划教材 **企业价值评估及管理** QIYE JIAZHI PINGGU JI GUANLI
作　　者	孙付华　刘博　张莹　沈菊琴　编著
出版发行	中国水利水电出版社 (北京市海淀区玉渊潭南路1号D座　100038) 网址:www.waterpub.com.cn E-mail:sales@waterpub.com.cn 电话:(010) 68367658(营销中心)
经　　售	北京科水图书销售中心(零售) 电话:(010) 88383994、63202643、68545874 全国各地新华书店和相关出版物销售网点
排　　版	中国水利水电出版社微机排版中心
印　　刷	北京瑞斯通印务发展有限公司
规　　格	184mm×260mm　16开本　9印张　213千字
版　　次	2017年1月第1版　2017年1月第1次印刷
印　　数	0001—3000册
定　　价	**22.00元**

凡购买我社图书,如有缺页、倒页、脱页的,本社营销中心负责调换

版权所有·侵权必究

前言

随着全球经济的发展，企业价值评估工作作为资产评估的重要分支之一，在经济发展中扮演着越来越重要的角色，已成为全球资本运营不可或缺的服务工具，越来越被政府、企业及其他利益相关者所关注。2004年，中国资产评估协会发布了《企业价值评估指引意见（试行）》（中评协〔2004〕134号），正式将"企业价值"和"企业价值评估"引入我国资产评估行业，从基本要求、评估要求、评估方法和评估披露等方面对注册资产评估师执行企业价值评估业务提出了要求。这标志着我国资产评估准则体系建设工作又迈出重要一步，是我国资产评估工作与国际价值评估行业的全面接轨。

企业管理的核心是价值管理，而企业价值的评估及如何使企业价值增长是企业管理人员工作的核心，也是企业管理的必备知识。因此，为了建立符合我国实际情况的企业价值评估理论与方法体系，适应当前我国企业价值评估的特色，促进我国企业价值的提升，不仅要关注企业价值评估工作，也应高度重视企业价值管理工作。基于此，笔者编写《企业价值评估及管理》一书，旨在通过对企业价值评估原理与方法的论述，理解企业价值管理工作要点，促进企业价值的提升。

《企业价值评估及管理》围绕企业价值管理为目标，从资产评估的基本概念、价值观点入手，使学生掌握资产评估的基本理论和方法及企业价值评估的基本原理，对企业价值管理的基本概念和原理、价值的组成、影响因素、评估技巧及方法、价值实现的途径和方式、绩效管理等进行系统全面介绍。目的是通过理论和实践，使读者了解和掌握企业价值评估的原理和方法、企业价值增值和考核的途径和方法，使学生在未来工作中明确工作目标和要求，更好地运用学到的知识为企业创造更大的价值服务。

本教材共九章内容，分为企业价值评估基础、企业价值评估方法和企业价值的管理三大部分。

第一部分包括第一章资产评估概述和第二章企业价值概述，阐述资产评估的基本概念、十大要素、发展过程、功能和作用、特点、价值类型、价值与价格的概念、假设和原则、评估与会计、审计的关系，分析了企业价值的内涵和企业价值评估的目的及特征。

第二部分包括第三章企业价值评估的市场法、第四章企业价值评估的收益法和第五章企业价值评估的成本法，重点阐述三大类方法的概念、方法评估原理、基本程序、方法选择的前提条件，以及具体方法中细类方法的应用及优缺点。

第三部分包括第六章企业价值评估报告、第七章企业价值的基础、第八章企业绩效管理、第九章企业通过并购创造价值。主要阐述企业价值评估报告的基本概念及制度、企业价值评估报告的制作流程及要点、企业价值评估报告的使用，在此基础上分析企业价值的形成基础、企业价值创造的基本原理、企业绩效管理、企业通过并购创造价值的基本知识及技巧。

本书由孙付华统稿，沈菊琴审稿，具体分工如下：第一章、第二章由孙付华编写；第三章由孙付华、张莹共同编写；第四章由孙付华、刘博共同编写；第五章由孙付华、张莹共同编写；第六章由孙付华、刘博共同编写；第七章、第八章由张莹编写；第九章由刘博、沈菊琴共同编写。

本书在编写过程中参考了国内外企业价值评估方面的相关资料，在此对资料编写者表示衷心感谢！

书中难免存在不足之处，敬请同行和读者批评指正。

编者

2017 年 6 月

目 录

前言

第一章　资产评估概述 ... 1
第一节　资产评估及其特点 ... 1
第二节　资产评估的假设与原则 ... 6
第三节　价值类型和评估目的 ... 9
第四节　资产评估与会计和审计的关系 ... 17
练习题 ... 20

第二章　企业价值概述 ... 22
第一节　企业价值的内涵 ... 22
第二节　企业价值评估的内涵、目的和特征 ... 24
第三节　企业价值评估的范围和信息资料收集与风险估计 ... 27
练习题 ... 28

第三章　企业价值评估的市场法 ... 30
第一节　市场法的基本原理 ... 30
第二节　市场法在企业价值评估中的应用 ... 39
练习题 ... 42

第四章　企业价值评估的收益法 ... 44
第一节　收益法的基本原理 ... 44
第二节　收益法在企业价值评估中的应用 ... 49
练习题 ... 69

第五章　企业价值评估的成本法 ... 74
第一节　成本法的基本原理 ... 74
第二节　成本法在企业价值评估中的应用 ... 82
练习题 ... 84

第六章　企业价值评估报告 ... 87
第一节　企业价值评估报告的基本概念及基本制度 ... 87
第二节　企业价值评估报告的制作 ... 90

第三节　企业价值评估报告的使用 ·············· 93
   练习题 ··· 94

第七章　企业价值的基础 ························ 96
   第一节　公司经营目标 ························ 96
   第二节　企业价值创造的基本原理 ·············· 97
   练习题 ·· 110

第八章　企业绩效管理 ·························· 112
   第一节　企业绩效管理的基本内容 ············· 112
   第二节　绩效评估 ···························· 122
   练习题 ·· 124

第九章　企业通过并购创造价值 ·················· 126
   第一节　通过并购创造价值的基本知识 ········· 126
   第二节　通过并购创造价值的技巧 ············· 131
   练习题 ·· 135

参考文献 ···································· 136

第一章 资产评估概述

第一节 资产评估及其特点

一、资产评估定义

资产评估是市场经济的产物,其业务涉及企业间的产权转让、资产重组、破产清算、资产抵押以及财产保险、财产纳税等经济行为。根据2016年《资产评估准则——基本准则(征求修改意见稿)》(财办资〔2016〕45号文)资产评估指资产评估机构、资产评估师和其他资产评估专业人员根据委托对单项资产、资产组合、企业价值、资产损失或者其他经济权益在评估基准日为特定目的进行价值评定、估算并出具资产评估报告的专业服务行为。根据2016年《中华人民共和国资产评估法》(中华人民共和国主席令第四十六号),资产评估是指评估机构及其评估专业人员根据委托对不动产、动产、无形资产、企业价值、资产损失或者其他经济权益进行评定、估算,并出具评估报告的专业服务行为。法定资产评估业务(以下简称法定评估业务)是指涉及国有资产或者公共利益等事项,法律、行政法规规定需要评估的业务。经过100多年的发展,资产评估已成为在现代市场经济中发挥基础性作用的专业服务行业之一。该行业的从业人员,应准确把握资产评估的定义和与之相关的若干概念和术语。

(一) 资产评估

资产评估经历了上百年的发展,评估范围在不断扩展,现在资产评估不仅已经成为一个独立的行业,同时也成为一个约定俗成的概念和专业术语。基于目前学术界和执业界的普遍共识,资产评估可以表述为:资产评估是专业机构和人员按照国家法律、法规和资产评估准则,根据特定目的,遵循评估原则,依照相关程序,选择适当的价值类型,运用科学方法,对资产价值进行分析、估算并发表专业意见的行为和过程。

资产评估作为一种评价过程,要经历若干评估步骤和程序。同时也会涉及以下基本的评估要素:①评估主体,即从事资产评估的机构和人员,他们是资产评估工作的主导者;②评估客体,即被评估的资产,它是资产评估的具体对象,也称为评估对象;③评估依据,也就是资产评估工作所遵循的法律、法规、经济行为文件、重大合同协议以及取费标准和其他参考依据;④评估目的,即资产业务引发的经济行为对资产评估结果的要求,或资产评估结果的具体用途,它直接或间接地决定和制约着资产评估的条件,以及价值类型的选择;⑤评估原则,即资产评估的行为规范,是调节评估当事人各方关系、处理评估业务的行为准则;⑥评估程序,即资产评估工作从开始准备到最后结束的工作顺序,评估程序通常包括明确评估业务基本事项、签订评估委托合同、编制评估计划、现场调查、收集整理评估资料、评定估算和编制评估报告、审核和提交评估报告、立卷归档;⑦评估价值类型,即对评估价值质的规定,它对资产评估参数的选择具有约束性;⑧评估方法,即资产评估所运用的特定技术，是分析和判断资产评估价值的手段和途径；⑨资产评估假设，即资产评估得以进行的前提条件假设等；⑩资产评估基准日，即资产评估的时间基准。以上基本要素构成了资产评估活动的有机整体。

（二）资产

资产是一个具有多角度、多层面的概念，既有经济学中的资产概念，也有其他学科的资产概念，如会计学中的资产概念等。这些关于资产的概念是评估人员理解资产评估中的资产或评估对象的基础。

经济学中的资产是泛指特定经济主体拥有或控制的，能够给特定经济主体带来经济利益的经济资源。也有将其表述为特定经济主体拥有或控制的，具有内在经济价值的实物和无形的权利。

会计学中的资产是指过去的交易或事项形成并由企业拥有或控制的资源，该资源预期会给企业带来经济利益。会计学中的资产主要指的是企业中的资产，这是资产评估对象中的重要组成部分。但是，资产评估对象中的资产并不完全局限于企业中的资产，凡是引起资产评估行为的经济事项所涉及的资产都是资产评估对象。而且，凡是引起资产评估行为的经济事项所涉及的对象也可能或可以成为评估对象。当然，资产是资产评估对象中最重要的组成部分。

资产评估中的资产或作为资产评估对象的资产，其内涵更接近于经济学中的资产，即特定权利主体拥有或控制的，能够给特定权利主体带来未来经济利益的经济资源。而其外延则包括了具有内在经济价值以及市场交换价值的所有实物和无形的权利。

作为资产评估对象的资产具有以下基本特征：

（1）资产必须是经济主体拥有或者控制的。依法取得财产权利是经济主体拥有并支配资产的前提条件。由于市场经济的深化，财产所有权、基本权能形成不同的排列与组合不仅成为必要，而且成为可能。如果将这些排列与组合称为产权，那么，在资产评估中应了解被评估资产的产权构成。例如，对于一些以特殊方式形成的资产，经济主体虽然对其不拥有完全的所有权，但依据合法程序能够实际控制的，如融资租入固定资产、土地使用权等，按照实质重于形式原则的要求，也应当将其作为经济主体资产予以确认。

（2）资产是能够给经济主体带来经济利益的资源，即可望给经济主体带来现金流入的资源。也就是说，资产具有能够带来未来利益的潜在能力。如果被恰当使用，资产的获利潜力就能够实现，进而使资产具有使用价值和交换价值。具有使用价值和交换价值，并能给经济主体带来未来效益的经济资源，才能作为资产确认。

（3）资产必须能以货币计量。也就是说资产价值能够运用货币进行计量，否则就不能作为资产予以确认。

作为资产评估客体的资产，其存在形式是多种多样的，为了科学地进行资产评估，可对资产进行适当的分类。

（1）按资产存在形态，可以分为有形资产和无形资产。有形资产是指那些具有实物形态的资产，包括机器设备、房屋建筑物、流动资产等。由于不同类别的有形资产具有不同的功能和特性，所以在评估时应分别进行。无形资产，是指特定主体所拥有或者控制的，不具有实物形态，能持续发挥作用且能带来经济利益的资源。这类资产主要包括土地使用权、专利权、商标权、非专利技术、商誉等。

（2）按资产的构成和是否具有综合获利能力，可以分为单项资产和整体资产。单项资产是指单台、单件的资产；整体资产是指由一组单项资产组成的具有整体获利能力的资产综合体。

（3）按资产能否独立存在，可以分为可确指的资产和不可确指的资产。可确指的资产，是指能独立存在的资产，前面所列示的有形资产和无形资产，除商誉以外都是可确指的资产；不可确指的资产，是指不能脱离企业有形资产而单独存在的资产，如商誉。商誉，是指企业基于地理位置优越、信誉卓著、生产经营出色、劳动效率高、历史悠久、经验丰富、技术先进等原因所获得的投资收益率高于一般正常投资收益率所形成的超额收益资本化的结果。

（4）按资产与生产经营过程的关系，可以分为经营性资产和非经营性资产。经营性资产，是指处于生产经营过程中的资产，如企业中的机器设备、厂房、交通工具等。经营性资产又可按是否对盈利产生贡献分为有效资产和无效资产。非经营性资产是指处于生产经营过程以外的资产。

（5）按资产的流动性，可以分为流动资产、长期投资、固定资产和无形资产等。

（三）价格和价值

这里所说的价格是指在特定的交易行为中，特定的买方或卖方对商品或服务的交换价值的认可，以及提供或支付的货币数额。价格是一个历史数据或事实，是特定的交易行为中特定买方和卖方对商品或服务实际支付或收到的货币数额。

这里所说的价值是一个交换价值范畴，它反映了可供交易的商品、服务与其买方、卖方之间的货币数量关系。资产评估中的价值不是一个历史数据或事实，它只是专业人士根据特定的价值定义在特定时间内对商品、服务价值的估计。

资产评估的目标是判断评估对象的价值，而不是判断评估对象的实际成交价格。

二、资产评估的种类和特点

（一）资产评估的种类

资产种类的多样化和资产业务的多样性，以及资产评估委托方及其相关当事人对资产评估内容及其报告需求的多样性，使资产评估也相应出现了多种类型。在世界范围内，从资产评估服务的对象、评估的内容和评估者承担的责任等方面来看，目前国际上的资产评估主要分为3类，即评估、评估复核和评估咨询。这种分类方法中的评估类似于我国目前广泛进行的为产权变动和交易服务的资产评估。它一般服务于产权变动主体，对评估对象的价值进行评估，评估人员及其机构要对其评估结果的真实性和合理性负责。评估复核，是指评估机构（评估师）对其他评估机构（评估师）出具的评估报告进行的评判分析和再评估。它服务于特定的当事人，对某个评估报告的真实性和合理性作出判断和评价，并对自己所提出的意见负责。评估咨询是一个较为宽泛的术语。它既可以是评估人员对特定资产的价值提出咨询意见，也可以是评估人员对评估标的物的利用价值、利用方式、利用效果的分析和研究，以及与此相关的市场分析、可行性研究等。评估咨询要求的主要是评估主体的信誉、专业水准和职业道德，评估咨询主体也要对其出具的咨询意见承担相应的责任。

从资产评估所面临的条件、资产评估执业过程中遵循资产评估准则的程度、对评估报告披露的程度以及使用者的要求的角度，资产评估又可分为完全资产评估和限制性资产评估。完全资产评估一般是指严格遵守资产评估准则，按照资产评估准则的各项条款的要求，在执业过程中没有违背资产评估准则的规定所进行的资产评估。限制性资产评估一般是指评估机构及其人员受特定客户委托，旨在满足特定客户特殊需求的评估。在通常情况下，为满足特定客户特殊需求的评估并不一定能够完全按照资产评估准则的要求进行执业，评估过程和评估结果或许存在着一定瑕疵。完全资产评估和限制性资产评估对评估结果的披露程度和要求是不同的，限制性资产评估需要作更为详尽的说明和披露，并限制评估报告的使用者，限制性资产评估报告的使用者只能是委托方。

从资产评估对象的构成和获利能力的角度，资产评估还可具体划分为单项资产评估和整体资产评估。对以单项可确指的资产为对象的评估称其为单项资产评估，例如机器设备评估、土地使用权评估、建筑物评估、可确指无形资产评估等。对若干单项资产组成的资产综合体所具有的整体生产能力或获利能力的评估称为整体资产评估。最为典型的整体资产评估就是企业价值评估。单项资产评估和整体资产评估在评估的复杂程度和需考虑的相关因素等方面是有较大差别的，整体资产评估更为复杂，需考虑的因素更为全面。

（二）资产评估的特点

理解和把握资产评估的特点，有利于进一步认识资产评估的实质，对于做好资产评估工作，提高资产评估质量具有重要意义。一般来说，资产评估具有以下特点：

（1）市场性。资产评估是适应市场经济要求的专业中介服务活动，其基本目标就是根据资产业务的不同性质，通过模拟市场条件对资产价值作出经得起市场检验的评定估算和报告。

（2）公正性。是指资产评估行为服务于资产业务的需要，而不是服务于资产业务当事人的任何一方的需要。公正性的表现有两点：①资产评估按公允、法定的准则和规程进行，公允的行为规范和业务规范是公正性的技术基础；②评估人员是与资产业务没有利害关系的第三者，这是公正性的组织基础。

（3）专业性。资产评估是一种专业人员的活动，从事资产评估业务的机构应由一定数量和不同类型的专家及专业人士组成。一方面这些资产评估机构形成专业化分工，使评估活动专业化；另一方面，评估机构及其评估人员对资产价值的估计判断也都建立在专业技术知识和经验的基础之上。

（4）咨询性。是指资产评估结论是为资产业务提供专业化估价意见，该意见本身并无强制执行的效力，评估师只对结论本身合乎职业规范要求负责，而不对资产业务定价决策负责。事实上，资产评估为资产交易提供的估价往往由当事人作为要价和出价的参考，最终的成交价取决于当事人的决策动机、谈判地位和谈判技巧等综合因素。

三、资产评估的功能和作用

（一）资产评估的功能

评价和评值是资产评估具有的最基本的内在功效和能力。资产评估源于人们希望了解和掌握在一定条件下资产的价值的需求。随着人们对在各种条件下了解资产价值的需求不断增加，资产评估也不断发展，其评价和评值的功能也得到不断完善。当然，在不同的历史条件下，人们在充分利用资产评估的评价及评值功能的基础上，也曾赋予资产评估一些辅助性和过渡性功能，例如，管理的功能等。

(二) 资产评估的基本作用

在不同的历史时期和不同的社会经济条件下，资产评估可能发挥着不同的作用。结合我国当前的社会经济条件，资产评估主要发挥着以下基本作用。

(1) 咨询的作用。资产评估的咨询作用，是指资产评估结论是为资产业务提供专业化估价意见，该意见本身并无强制执行的效力，它只是给相关当事人提供的有关资产交换价值方面的专业判断或专家意见，资产评估不能也不应该取代资产交易当事人的交易决策。

(2) 管理的作用。资产评估的管理作用，是指在以公有制为基础的社会主义市场经济初级阶段中，国家或政府在利用资产评估过程中所发挥出的特殊作用。在社会主义市场经济初级阶段的某一历史时期，作为国有资产所有者代表的国家，不仅把资产评估视为提供专业服务的中介行业，而且将其作为维护国有资产、促使国有资产保值增值的工具和手段。在资产评估开展初期，国家通过制定申请立项、资产清查、评定估算和验证确认的国有资产评估管理程序，就使资产评估具有了管理的作用。但是，资产评估的管理作用并不是资产评估与生俱有的，它只是国有资产评估在特定历史时期的特定作用。它会随着国家在国有资产评估管理体制方面的变化而加强或弱化。2001年12月31日，国务院办公厅转发了财政部《关于改革国有资产评估行政管理方式——加强资产评估监督管理工作意见的通知》(国办发〔2001〕102号)。该通知指出：①取消政府部门对国有资产评估项目的立项确认审批制度，实行核准制和备案制；②加强资产评估活动的监管力度；③完善制度建设，规范评估秩序。随着国有资产评估项目的立项确认审批制度的取消和核准制及备案制的确立，资产评估的管理作用也随之发生了改变。

(3) 鉴证的作用。鉴证由鉴别和举证两个部分组成，鉴别是专家依据专业原则对经济活动及其结果作出的独立判断，而举证则是为该判断提供理论和事实支撑，使之做到言之有理，持之有据。这类行为一般具有独立、客观和专业的特征。基于市场经济需求的多样性，经济鉴证类专业服务行业又可因服务性质、背景知识和执业准则的不同形成行业亚分类。以注册会计师和注册资产评估师行业为例，在服务性质方面，前者对财务报告进行事实判断，后者对标的资产进行价值判断；在背景知识方面，前者以会计理论和核算技术为基础，后者以经济分析理论和专项资产价值识别技术为基础；在执业准则方面，前者分别接受国际和国内会计准则和审计准则的约束，后者分别接受国际和国内资产评估准则的约束。我们不能简单否定资产评估行业的鉴证作用原因是：①资产评估确要从事以专业鉴别和举证为主要内容的工作；②资产评估行业的发展状况和水平在很大的程度上与资产评估在资产价值鉴证方面所具备的整体能力相关；③尽管资产评估这种鉴证活动一般不具有法律效力，但仍然是资产业务当事人各方进行决策的重要依据，所以资产评估师也必须对自己的行为承担相应的专业责任、民事责任和刑事责任。但需要强调指出的是资产评估从事的是价值鉴证，而不是权属鉴证。

第二节 资产评估的假设与原则

一、资产评估的假设

由于认识客体的无限变化和认识主体有限能力的矛盾,人们不得不依据已掌握的数据资料对某一事物的某些特征或全部事实作出合乎逻辑的推断。这种依据有限事实,通过一系列推理,对于所研究的事物作出合乎逻辑的假定说明就叫假设。假设必须依据充分的事实,运用已有的科学知识,通过推理(包括演绎、归纳和类比)而形成。当然,无论如何严密的假设都带有推测,甚至是主观猜想的成分。但是,只要假设是合乎逻辑、合乎情理的,它对科学研究都是有重大意义的。资产评估与其他学科一样,其理论体系和方法体系的确立也是建立在一系列假设基础之上的。资产评估中的假设包括了市场条件假设、评估对象使用状况假设、评估对象作用空间假设、宏观环境假设等,其中交易假设、公开市场假设、持续使用假设和清算假设是资产评估中最重要的基本假设。

(一)交易假设

交易假设是资产评估得以进行的一个最基本的前提假设,交易假设是假定所有待评估资产已经处在交易过程中,评估师根据待评估资产的交易条件等模拟市场进行估价。众所周知,资产评估其实是在资产实施交易之前进行的一项专业服务活动,而资产评估的最终结果又属于资产的交换价值范畴。为了发挥资产评估在资产实际交易之前为委托人提供资产交易底价的专家判断的作用,同时又能够使资产评估得以进行,利用交易假设将被评估资产置于"市场交易"当中,模拟市场进行评估就成为可能。

交易假设一方面为资产评估得以进行"创造"了条件;另一方面它明确限定了资产评估的外部环境,即资产是被置于市场交易之中。资产评估不能脱离市场条件而孤立地进行。

(二)公开市场假设

公开市场假设是对资产拟进入的市场条件,以及资产在这样的市场条件下接受何种影响的一种假定说明或限定。公开市场假设的关键在于认识和把握公开市场的实质和内涵。就资产评估而言,公开市场是指充分发达与完善的市场条件,是一个有自愿的买者和卖者的竞争性市场,在这个市场上,买者和卖者的地位是平等的,彼此都有获取足够市场信息的机会和时间,买卖双方的交易行为都是在自愿的、理智的而非强制或不受限制的条件下进行的。事实上现实中的市场条件未必真能达到上述公开市场的完善程度。公开市场假设就是假定那种较为完善的公开市场存在,被评估资产将要在这样一种公开市场中进行交易。当然公开市场假设也是以市场客观存在的现实,即资产在市场上可以公开买卖这样一种客观事实为基础的。

由于公开市场假设假定市场是一个充分竞争的市场,资产在公开市场上实现的交换价值隐含着市场对该资产在当时条件下有效使用的社会认同。当然,在资产评估中,市场是有范围的,它可以是地区性市场,也可以是国内市场,还可以是国际市场。关于资产在公开市场上实现的交换价值所隐含的对资产效用有效发挥的社会认同也是有范围的,它可以是区域性的、全国性的或国际性的。

公开市场假设旨在说明一种充分竞争的市场条件，在这种条件下，资产的交换价值受市场机制的制约并由市场行情决定，而不是由个别交易决定。

公开市场假设是资产评估中的一个重要假设，其他假设都以公开市场假设为基本参照。公开市场假设也是资产评估中使用频率较高的一种假设，凡是能在公开市场上交易、用途较为广泛或通用性较强的资产，都可以考虑按公开市场假设前提进行评估。

（三）持续使用假设

持续使用假设也是对资产拟进入的市场的条件，以及在这样的市场条件下的资产状态的一种假定性描述或说明。该假设首先设定被评估资产正处于使用状态，包括正在使用中的资产和备用的资产；其次根据有关数据和信息，推断这些处于使用状态的资产还将继续使用下去。持续使用假设既说明了被评估资产所面临的市场条件或市场环境，同时又着重说明了资产的存续状态。

按照通行的说法，持续使用假设又细分为3种具体情况：①在用续用；②转用续用；③移地续用。在用续用指的是处于使用中的被评估资产在产权发生变动或资产业务发生后，将按其现行正在使用的用途及方式继续使用下去。转用续用指的是被评估资产将在产权发生变动后或资产业务发生后，改变资产现时的使用用途，调换新的用途继续使用下去。移地续用指的是被评估资产将在产权发生变动后或资产业务发生后，改变资产现在的空间位置，转移到其他空间位置上继续使用。

由于持续使用假设是在一定市场条件下对被评估资产使用状态的一种假定说明，因此在持续使用假设前提下的资产评估及其结果的适用范围常常是有限制的。在许多场合下评估结果并没有充分考虑资产用途替换，它只对特定的买者和卖者是公平合理的。

持续使用假设也是资产评估中的一个非常重要的假设，尤其是在我国，经济体制处于转轨时期，市场发育尚未完善，资产评估活动大多与老企业的存量资产产权变动有关。因此，被评估对象经常处于或被推定在持续使用的假设前提之下。充分认识和掌握持续使用假设的内涵和实质，对于我国的资产评估来说有着重要意义。

（四）清算假设

清算假设是对资产拟进入的市场条件的一种假定说明或限定。具体而言，是对资产在非公开市场条件下被迫出售或快速变现条件的假定说明。清算假设首先是基于被评估资产面临清算或具有潜在的被清算的事实或可能性，再根据相应数据资料推定被评估资产处于被迫出售或快速变现的状态。由于清算假设假定被评估资产处于被迫出售或快速变现条件之下，被评估资产的评估值通常要低于在公开市场假设前提下或持续使用假设前提下同样资产的评估值。因此，在清算假设前提下的资产评估结果的适用范围是非常有限的。当然，清算假设本身的使用也是较为特殊的。

二、资产评估的原则

（一）资产评估工作原则

资产评估工作的性质决定了资产评估机构及其资产评估师在执业过程中应坚持独立、客观公正和专业服务等工作原则。

（1）独立性原则。资产评估中的独立性原则包含有两层含义：①评估机构本身应该是一个独立的、不依附于他人的社会公正性中介组织（法人），在利益及利害关系上与资产业务各当事人没有任何联系；②评估机构及其评估人员在执业过程中应始终坚持独立的第三者地位，评估工作不受委托人、外界的意图及压力的影响，进行独立公正的评估。

(2) 客观公正性原则。客观公正性原则要求资产评估工作实事求是，尊重客观实际。资产评估机构及其评估人员在评估工作中必须以实际材料为基础，以确凿的事实和事物发展的内在规律为依据，以求实的态度为指针，实事求是地得出评估结果，而不可以以自己的好恶或其他个人的情感进行评估。资产评估结果是评估人员认真调查研究，通过合乎逻辑的分析、推理得出的、具有客观公正性的评估结论。此外，为了保证评估的公正、客观性，按照国际惯例，资产评估机构收取的劳务费用应该只与工作量相关，不与被评估资产的价值挂钩。

(3) 科学性原则。科学性原则要求资产评估机构和评估人员必须遵循科学的评估标准，以科学的态度制定评估方案，并采用科学的评估方法进行资产评估。在整个评估工作中必须把主观评价与客观测算、静态分析与动态分析、定性分析与定量分析有机结合起来，使评估工作做到科学合理、真实可信。

(二) 资产评估经济技术原则

资产评估的经济技术原则是指在资产评估执业过程中的一些技术规范和业务准则。它们为评估人员在执业过程中的专业判断提供技术依据和保证。这些技术原则主要如下。

(1) 预期收益原则。预期收益原则是以技术原则的形式概括出资产及其资产价值最基本的决定因素。资产之所以有价值是因为它能够为其拥有者或控制者带来未来经济利益，资产价值的高低主要取决于它能够为其所有者或控制者带来的预期收益量的多少。预期收益原则是评估人员判断资产价值的一个最基本的依据。

(2) 贡献原则。从一定意义上来讲，贡献原则是预期收益原则在某种情况下的具体应用原则。贡献原则主要适用于构成某整体资产的各组成要素资产的评估，它要求要素资产价值的高低要由该要素资产对整体资产的贡献来决定，或者是由当整体资产缺少该项要素资产将蒙受的损失来决定。

(3) 供求原则。供求原则是经济学中关于供求关系影响商品价格原理的概括。假定在其他条件不变的前提下，商品的价格随着需求的增长而上升，随着供给的增加而下降。尽管商品价格随供求关系变化并不呈固定比例变化，但变化的方向都具有规律性。供求规律对商品价格所形成的作用力同样适用于资产价值的评估，评估人员在判断资产价值时也应充分考虑和依据供求原则。

(4) 替代原则。作为一种市场规律，在同一市场上，具有相同使用价值和质量的商品，应有大致相同的交换价值。如果具有相同使用价值和质量的商品具有不同的交换价值或价格，买者会选择价格较低者。当然，作为卖者，如果可以将商品卖到更高的价格水平上，他会在较高的价位上出售商品。在资产评估中确实存在着评估数据、评估方法等的合理替代问题，正确运用替代原则是公正进行资产评估的重要保证。

(5) 评估时点原则。市场是变化的，资产的价值会随着市场条件的变化而不断改变。为了使资产评估得以操作，同时又能保证资产评估结果可以被市场检验，在进行资产评估时。必须假定市场条件固定在某一时点，这一时点就是评估基准日，或称估价日期。它为资产评估提供了一个时间基准。资产评估的评估时点原则要求资产评估必须有评估基准日，而且评估值就是评估基准日的资产价值。

第三节　价值类型和评估目的

一、资产评估的价值类型

资产评估中的价值类型，是指资产评估结果的价值属性及其表现形式。不同的价值类型从不同的角度反映资产评估价值的属性和特征。不同属性的价值类型所代表的资产评估价值不仅在性质上是不同的，在数量上往往也存在着较大差异。资产评估的价值类型的形成，不仅与引起资产评估的特定经济行为，即资产评估特定目的有关，而且与被评估对象的功能、状态、评估时的市场条件等因素有着密切的关系。根据资产评估特定目的、被评估资产的功能状态以及评估时的各种条件，合理地选择和确定资产评估的价值类型，是每一位资产评估人员必须做好的工作。

由于所处的角度不同，以及对资产评估价值类型理解方面的差异，人们对资产评估的价值类型主要有以下几种分类。

(1) 以资产评估的估价标准形式表述的价值类型，具体包括重置成本、收益现值、现行市价（或变现价值）和清算价格4种。

(2) 从资产评估假设的角度表述资产评估的价值类型，具体包括继续使用价值、公开市场价值和清算价值等3种。

(3) 从资产业务的性质，即资产评估的特定目的划分资产评估的价值类型，具体包括抵押价值、保险价值、课税价值、投资价值、清算价值、转让价值、保全价值、交易价值、兼并价值、拍卖价值、租赁价值、补偿价值等。

(4) 以资产评估时所依据的市场条件、被评估资产的使用状态以及评估结论的适用范围划分资产评估结果的价值类型，具体包括市场价值和市场价值以外的价值两大类。

上述4种分类各有其自身的特点：

第一种划分标准基本上是承袭了现代会计理论中关于资产计价标准的划分方法和标准，将资产评估与会计的资产计价紧密地联系在一起。

第二种划分方法有利于人们了解资产评估结果的假设前提条件，同时也强化了评估人员对评估假设前提条件的运用。

第三种划分方法强调资产业务的重要性，认为有什么样的资产业务就应有什么样的资产价值类型。

第四种划分方法不仅注重了资产评估结果的适用范围与评估所依据的市场条件及资产使用状态的匹配，而且通过资产的市场价值概念的提出，树立了一个资产公允价值的坐标。资产的市场价值是资产公允价值的基本表现形式，市场价值以外的价值则是资产公允价值的特殊表现形式。

对资产价值进行合理分类主要有两个层面的目的：①为评估人员科学合理地进行资产评估提供指引；②使资产评估报告的使用者能正确理解和恰当使用资产评估结果。从这个意义上讲，将资产评估价值划分为市场价值和市场价值以外的价值更有利于实现划分资产评估价值类型的目的。

(一) 关于资产评估中的市场价值与市场价值以外的价值

从目前可收集的资料来看，关于资产评估中的市场价值与市场价值以外的价值的概念的完整定义可以从《国际评估准则》(International Valuation Standards)、《国际评估准则1》和《国际评估准则2》中找到。在《国际评估准则》中，市场价值定义如下："自愿买方与自愿卖方在评估基准日进行正常的市场营销之后，所达成的公平交易中某项资产应当进行交易的价值的估计数额，当事人双方应当各自精明、谨慎行事，不受任何强迫压制。"根据《国际评估准则1》关于对市场价值的其他补充说明，我们把资产评估中的市场价值定义整理如下：从价值属性的角度定义，企业价值评估中的市场价值是指企业在评估基准日公开市场上正常使用状态下最有可能实现的交换价值的估计值。或者说评估资产价值所依据的所有信息资料都来源于公开市场的资产评估结果是市场价值。关于市场价值所依据的公开市场可能存在着区域、级次等的区分，也就是说资产评估中的市场价值可能存在着不同区域范围的市场价值和不同级次的市场价值等。

企业价值评估中市场价值以外的价值也称非市场价值、其他价值，《国际评估准则》并没有直接定义市场价值以外的价值，而是指出凡不符合市场价值定义条件的资产价值类型都属于市场价值以外的价值。市场价值以外的价值不是一种具体的企业价值评估存在形式，它是一系列不符合资产市场价值定义条件的价值形式的总称或组合。企业价值评估中的非市场价值也是企业公允价值具体表现形式的一类概括，企业价值评估中的非市场价值主要有投资价值、持续经营价值、保险价值、清算价值等。

在企业价值评估实践中，市场价值与市场价值以外的价值（非市场价值）的划分标准有以下几个方面：

(1) 资产评估时所依据的市场条件，是公开市场条件还是非公开市场条件。

(2) 资产评估时所依据的被评估资产的使用状态，是正常使用（最佳使用）还是非正常使用。

(3) 资产评估时所使用的信息资料及其相关参数的来源，是公开市场的信息数据还是非公开市场的信息数据。

关于市场价值以外的价值，《国际评估准则》认为其产生的价值基础主要分为3类：

第一类反映特定主体从资产所有权中获得的收益。资产对于特定主体来说具有特定价值。尽管在某些情况下，其等同于资产销售时实现的价值，它从本质上反映了持有该资产所获得的收益。因此，没有必要假定交易。投资价值即属于这一类。某项资产对于特定主体的特定价值与其市场价值的不同促使买方和卖方进入市场交易。

第二类指的是特定双方达成的交换某项资产合理的协议价格。尽管交易各方没有关联、公平协商，资产没有必要在更大范围的市场上交易，所达成的价格可能反映涉及的交易方而非整个市场范围内的特定好处（或坏处）。这一类包括公允价值、特殊价值和合并价值。

第三类指法律法规或合同协议中规定的价值。

在企业价值评估实务中使用频率较高的市场价值以外的价值类型主要如下。

(1) 投资价值。投资价值是指资产对于具有明确投资目标的特定投资者或某一类投资者所具有的价值。资产的投资价值与投资性资产价值是两个不同的概念。投资性资产价值，是指特定主体以投资获利为目的而持有的资产，在公开市场上按其最佳用途实现的市场价值。

（2）持续经营价值。持续经营价值指被评估企业按照评估基准日时的用途、经营方式、管理模式等继续经营下去所能实现的预期收益（现金流量）的折现值。企业持续经营价值可以按企业各个组成部分资产的相应贡献被分配给企业的各个组成部分资产，即构成企业各局部资产的在用价值。

（3）在用价值。在用价值是指将评估对象作为企业组成部分或者要素资产，按其正在使用的方式和程度及其对所属企业的贡献价值的估计数额。而并不考虑该资产的最佳用途或资产变现的情况。

（4）保险价值。保险价值指根据企业的保险合同或协议中规定的价值定义所确定的价值。

（5）清算价值。从性质上讲，清算价值是指企业处于清算、迫售、快速变现等非正常市场条件下所具有的价值，或设定企业处于清算、迫售、快速变现等非正常市场条件下所具有的价值。对破产清算企业进行价值评估，实际上是对该企业的单项资产的变现价值之和进行判断和估计。

以上介绍的价值类型只是市场价值以外的价值类型中使用频率较高的部分，市场价值以外的价值还包括其他价值类型，例如特殊价值、合并价值等。

某些特定评估业务评估结论的价值类型可能会受到相关法律、法规或者契约的约束，这些评估业务的评估结论应当按照相关法律、法规或者契约等的规定选择评估结论的价值类型。相关法律、法规或者契约没有规定的，可以根据实际情况选择市场价值或者市场价值以外的价值类型，并予以定义。

特定评估业务包括以抵（质）押为目的的评估业务、以税收为目的的评估业务、以保险为目的的评估业务、以财务报告为目的的评估业务等。

注册资产评估师执行以税收为目的的资产评估业务，应当根据税法等相关法律、法规的规定选择评估结论的价值类型，如课税价值。课税价值，是指评估对象根据税法中规定的与征纳税收相关的价值定义所具有的价值。如果相关法律、法规没有规定的，可以根据实际情况选择市场价值或者市场价值以外的价值类型作为课税对象评估结论的价值类型。

注册资产评估师执行以保险为目的的资产评估业务，应当根据保险法等相关法律、法规和契约的规定选择评估结论的价值类型，如保险价值。保险价值，是指评估对象根据保险合同或协议中规定的价值定义所具有的价值。相关法律、法规或者契约没有规定的，可以根据实际情况选择市场价值或者市场价值以外的价值类型作为保险标的物评估结论的价值类型。

注册资产评估师执行以财务报告为目的的资产评估业务，应当根据会计准则等相关规范关于会计计量的基本概念和要求，恰当选择市场价值或者市场价值以外的价值类型作为评估结论的价值类型。会计准则等相关规范涉及的主要计量属性及价值定义包括公允价值、现值、可变现净值、重置成本等。在符合会计准则计量属性规定的条件时，会计准则下的公允价值等同于资产评估中的市场价值；会计准则涉及的现值、可变现净值、重置成本等可以理解为资产评估中的市场价值或者市场价值以外的价值类型。

注册资产评估师执行以抵（质）押为目的的资产评估业务，应当根据担保法等相关法律、法规及金融监管机关的规定选择评估结论的价值类型，如抵押价值。相关法律、法规及金融监管机关没有规定的，可以根据实际情况选择市场价值或者市场价值以外的价值类型作为抵（质）押物评估结论的价值类型。

注册资产评估师执行以拆迁补偿为目的的资产评估业务，应当根据相关法律、法规及有关管理机关的规定选择评估结论的价值类型，如拆迁补偿价值。拆迁补偿价值，是指评估对象根据有关城市规划、建设和房地产管理等相关法律、法规关于拆迁补偿的具体规定和要求所具有的价值估计数额。相关法律、法规及有关管理机关没有规定的，可以根据实际情况选择市场价值或者市场价值以外的价值类型作为拆迁物评估结论的价值类型。

（二）明确资产评估中的市场价值与市场价值以外价值的意义和作用

在众多资产价值类型分类中，将资产的市场价值与市场价值以外的价值作为资产评估中最基本的资产价值类型分类具有重要意义。

资产评估作为一种专业中介性服务活动，它对客户和社会所提供的服务是一种专家意见及专业咨询。无论是专家意见还是专业咨询，其最重要的是这种意见或咨询能对客户的某些行为起指导作用。应防止和杜绝可能造成客户误解、误用或误导的资产评估报告和评估结论。就一般情况而言，资产评估机构和评估人员主观上并不愿意提交可能会对客户及社会造成误解、误用或误导的资产评估报告。但在资产评估实践中，经常出现评估人员并不十分清楚所作的资产评估结果的性质、适用范围等，以致在资产评估报告中未给予充分的说明及使用限定的问题。而客户或评估报告使用者绝大部分都是非专业人员，他们对评估结果的理解和认识基本上只来源于评估报告的内容。资产评估报告中任何概念的模糊或不合理，都会造成客户及社会对评估结果的误解。所以资产评估结果价值类型的科学分类和解释具有重要的作用。而关于资产的市场价值和市场价值以外的价值的概念及分类，正是从资产评估结果的适用范围和使用范围限定方面对资产评估结果进行的分类。因此，这种分类方法符合资产评估服务于客户和服务于社会的内在要求。其意义和作用具体体现在以下几个方面。

（1）这种分类方法和概念界定有利于评估人员对评估条件与评估结果性质的认识，便于评估人员在撰写评估报告时更清楚明了地说明其评估结果的确切含义。只有评估人员自己充分认清了自己的评估结果的性质，才可能在评估报告中充分说明这个评估结果。当然，一份结果阐述明确的评估报告才能使客户受益。

（2）这种分类方法及概念界定便于评估人员划定其评估结果的适用范围和使用范围。资产评估结果的适用范围与评估目的所要求的评估结果用途的匹配和适应，是检验资产评估科学性和合理性的首要问题。把评估结果按资产的市场价值和市场价值以外的价值分类，可以从大的方面决定评估的适用范围，便于评估人员将其与评估的特定目的相对照。资产评估结果的使用范围关系到评估结果能否被正确使用的问题。对于大多数评估报告使用者来说，他们未必都十分了解不同价值类型的评估结果都有其使用范围的限定。限定评估结果使用范围的责任应由评估人员承担，评估人员应在评估报告中将评估结果的使用范围给予明确的限定。

市场价值和市场价值以外的价值是按资产评估所面临的市场条件和评估对象自身的条

件为标准设定的,这种价值类型的划分实际上是以资产评估价值决定的基本要素为依据的。市场价值和非市场价值的划分既考虑了资产自身的条件、利用方式和使用状态,也考虑了资产评估时的市场条件。也就是说这种价值类型的划分既考虑了决定资产评估价值的内部因素,同时也考虑了影响资产评估价值的外部因素,这至少能在理论上和宏观层面上为评估人员客观合理地评估资产价值,以及清晰地披露评估结果提供帮助和依据。

一般而言,属于市场价值性质的资产评估结果主要适用于产权变动类资产业务,也可以适用于非产权变动类资产业务。资产的市场价值的合理性是相对于评估时点整体市场而言的,即整体市场认同,资产的市场价值对于整体市场上潜在的买者或卖者来说是相对公平合理的。属于市场价值以外的价值(或非市场价值)性质的评估结果,既适用于产权变动类资产业务,也适用于非产权变动类资产业务。在评估时点,资产的市场价值以外的价值只对特定的资产业务当事人来说是公平合理的,即局部市场认同。资产评估中的市场价值和市场价值以外的价值的市场认同范围基本上就限定了这两种价值类型评估结果的适用范围和使用范围。

总之,按市场价值和市场价值以外的价值将评估结果分为两大类,旨在合理和有效限定评估结果的适用范围和使用范围。因此,把评估结果分为市场价值和市场价值以外的价值两大类是相对合理和便于操作的。

二、资产评估的目的

资产评估的目的有资产评估一般目的和特定目的之分。资产评估一般目的包含着特定目的,而资产评估特定目的则是一般目的的具体化。

(一)资产评估的一般目的

资产评估的一般目的或资产评估的基本目标是由资产评估的性质及其基本功能决定的。资产评估作为一种专业人士对特定时点及特定条件约束下资产价值的估计和判断的社会中介活动,它一经产生就具有了为委托人以及资产交易当事人提供合理的资产价值咨询意见的功能。不论是资产评估的委托人,还是与资产交易有关的当事人,他们所需要的无非是评估师对资产在一定时间及一定条件约束下资产公允价值的判断。如果我们暂且不考虑资产交易或引起资产评估的特殊需求,或者将引起资产评估的各种需求及其要求进行理论抽象,可以发现资产评估的一般目的是判断资产的公允价值。

公允价值是一个有着广泛意义的概念,是会计、资产评估等专业和行业广泛使用的专业术语。公允价值的概念有广义与狭义之分,资产评估中的公允价值是一个广义概念,作为一个广义的概念,资产评估中的公允价值有别于会计中的公允价值。资产评估中的公允价值是一个相对抽象的价值概念。它是对评估对象在各种条件下与评估条件相匹配的合理的评估价值的抽象。评估对象在各种条件下与评估条件相匹配的合理的评估价值,是泛指相对于当事人各方的地位、资产的状况及资产面临的市场条件的合理的评估价值。它是评估人员根据被评估资产自身的条件及其所面临的市场条件,对被评估资产客观价值的合理估计值。资产评估中的公允价值的一个显著特点,是它与相关当事人的地位、资产的状况及资产所面临的市场条件相吻合,且并没有损害各当事人的合法权益,也没有损害他人的利益。

(二) 资产评估的特定目的

资产评估作为一种资产价值判断活动，总是为满足特定资产业务的需要而进行的，在这里，资产业务是指引起资产评估的经济行为。通常把引起资产评估的资产业务对评估结果用途的具体要求称为资产评估的特定目的。从我国资产评估实践来看，引起资产评估的资产业务主要有：资产转让，企业兼并，企业出售，企业联营，股份经营，中外合资、合作，企业清算，担保，企业租赁，债务重组等。当然，随着社会经济的发展，引起资产评估的资产业务和经济行为也在不断地增加，例如财产保险、财产纳税、资产公允价值判断等。

(1) 资产转让。是指资产拥有单位有偿转让其拥有的资产，通常是指转让非整体性资产的经济行为。

(2) 企业兼并。是指一个企业以承担债务、购买、股份化和控股等形式有偿接收其他企业的产权，使被兼并方丧失法人资格或改变法人实体的经济行为。

(3) 企业出售。是指独立核算的企业或企业内部的分厂、车间及其他整体资产产权出售的行为。

(4) 企业联营。是指国内企业、单位之间以固定资产、流动资产、无形资产及其他资产投入组成各种形式的联合经营实体的行为。

(5) 股份经营。是指资产占有单位实行股份制经营方式的行为，包括法人持股、内部职工持股、向社会发行不上市股票和上市股票。

(6) 中外合资、合作。是指我国的企业和其他经济组织与外国企业和其他经济组织或个人在我国境内举办合资或合作经营企业的行为。

(7) 企业清算。其包括破产清算、终止清算和结业清算。

(8) 担保。是指资产占有单位，以本企业的资产为其他单位的经济行为担保，并承担连带责任的行为。担保通常包括抵押、质押、保证等。

(9) 企业租赁。是指资产占有单位在一定期限内，以收取租金的形式，将企业全部或部分资产的经营使用权转让给其他经营使用者的行为。

(10) 债务重组。是指债权人按照其与债务人达成的协议或法院的裁决同意债务人修改债务条件的事项。

(11) 引起资产评估的其他合法经济行为。

(三) 资产评估特定目的在资产评估中的地位作用

资产评估特定目的是由引起资产评估的特定经济行为（资产业务）所决定的，它对评估结果的性质、价值类型等具有重要的影响。资产评估特定目的不仅是某项具体资产评估活动的起点，同时它又是资产评估活动所要达到的目标。资产评估特定目的贯穿于资产评估的全过程，影响着评估人员对评估对象界定、资产价值类型选择等。它是评估人员在进行具体资产评估时必须首先明确的基本事项。

资产评估特定目的是界定评估对象的基础。任何一项资产业务，无论产权是否发生变动，它所涉及的资产范围必须接受资产业务本身的制约。资产评估委托方正是根据资产业务的需要确定资产评估范围的。评估人员不仅要对该范围内的资产权属予以说明，而且要对其价值作出判断。

资产评估特定目的对于资产评估的价值类型选择具有约束作用。特定资产业务决定了资产的存续条件,资产价值受制于这些条件及其可能发生的变化。资产评估人员在进行具体资产评估时一定要根据具体的资产业务的特征选择与之相匹配的评估价值类型。按照资产业务的特征与评估结果的价值属性一致性原则进行评估,是保证资产评估趋于科学、合理的基本前提。

需要指出的是,在不同时期、地点及市场条件下,同一资产业务对资产评估结果的价值类型的要求也会有差别。这表明,引起资产评估的资产业务对评估结果的价值类型要求不是抽象的和绝对的。每一类资产业务在不同时间、地点和市场环境中的发生,对资产评估结果的价值类型要求不是一成不变的。这就是说资产业务本身的属性因时间、地点及市场环境的变化而确定。因此,把资产业务的属性绝对化,或是把资产业务与评估结果的价值类型关系固定化都是不可取的。资产评估结果的价值类型与评估的特定目的相匹配、相适应,指的是在具体评估操作过程中,评估结果价值类型要与已经确定了的时间、地点、市场条件下的资产业务相匹配、相适应。任何事先划定的资产业务类型与评估结果的价值类型相匹配的固定关系或模型,都可能偏离或违背客观存在的具体业务对评估结果价值类型的内在要求。换句话说,资产的业务类型是影响甚至是决定评估结果价值类型的一个重要的因素,当然,它也绝不是决定资产评估结果价值类型的唯一因素。评估的时间、地点、评估时的市场条件、资产业务各当事人的状况以及资产自身的状态等,都可能对资产评估结果的价值类型起影响作用。

(四)关于价值类型选择与资产评估目的等相关条件的关系

关于价值类型的选择与资产评估目的等相关条件的关系应该从两个方面来认识和把握:①要从正确选择价值类型的角度,来关注资产评估目的等相关条件对所选择价值类型的影响;②要从价值类型的选择对实现资产评估目的以及满足其他相关条件的角度,来关注价值类型的正确选择。

从第一个层面上看,资产评估中的价值类型是资产评估结果的属性及其表现形式。价值类型的选择本来就应该受到评估目的等相关条件的制约,或者说价值类型是在评估目的等相关条件的基础上形成的。有什么样的评估条件基础就应该有与之相适应的评估结果属性及其表现形式。可以说,资产评估目的等相关条件构成了资产评估的价值基础。除资产评估特定目的外,构成资产评估价值基础的相关条件主要有两个方面:①资产自身的功能、利用方式和使用状态;②评估时的市场条件。

资产评估特定目的作为资产评估价值基础的条件之一,是因为资产评估特定目的不但决定着资产评估结果的具体用途,而且会直接或间接地在宏观层面上影响着资产评估的过程及其运作条件,包括对评估对象的利用方式和使用状态的宏观约束,以及对资产评估市场条件的宏观限定。相同的资产在不同的评估特定目的下可能会有不同的评估结果。

评估对象自身的功能、使用方式和利用状态,是资产自身的条件,这是影响资产评估价值的内因。从某种意义上讲,资产自身的条件对其评估价值具有决定性的影响。不同功能的资产会有不同的评估结果,使用方式和利用状态不同的相同资产也会有不同的评估结果。

评估时所面临的市场条件及交易条件,是资产评估的外部环境,是影响资产评估结果的外部因素。在不同的市场条件下或交易环境中，即使是相同的资产也会有不同的评估结果。

资产评估目的作为资产评估结果的具体用途及对资产评估运作条件起宏观约束的因素，与决定资产评估价值的内因和外因的评估对象自身条件，以及评估时的市场条件共同构成了资产评估的价值基础。这3大因素的不同排列组合，便构成了不同价值类型的形成基础。

从第二个层面上看，资产评估价值类型的合理选择也应该成为实现资产评估目的，以及满足资产评估相关条件的重要途径和手段。

资产评估目的有一般目的和特定目的之分，资产评估的一般目的是要对各种条件下"交易"中的资产的公允价值作出判断，以及给出这些资产在各种条件下的公允价值。而特定目的是一般目的的具体化，资产评估特定目的的实质是判断特定条件下或具体条件下资产的公允价值。

资产评估中的公允价值的相对性质主要是指它对于某一资产而言，不是一个确定不变的值，而是一个相对值。当该资产处于正常使用及正常市场条件下时，有一个与此条件相对应的合理价值；当该资产处于非正常使用及非正常市场条件下时，也有一个与之相对应的合理价值。当然，这样的排列组合会很多，相应的合理价值也会很多。尽管对这个具体资产而言，不同条件下的合理价值各不相同，但是它们有一个共同的特点，即相对于它们各自所面对的条件又都是合理和公允的。资产评估中的公允价值与评估条件的相对性和相关性决定了资产评估中的公允价值的相对性质；资产评估中的公允价值的相对性质又决定了资产评估中的公允价值具有抽象性质和高度概括性质。在资产评估实践过程中还需将其具体化。

正是由于资产评估特定目的及其特定条件下资产公允价值的多样性、复杂性和难以把握性的存在，设计、选择并利用科学合理的资产评估价值类型对评估人员把握资产评估特定目的及其特定条件下的公允价值就显得十分重要。而市场价值和市场价值以外的价值类型的分类，以及该价值类型分类所包含的具体价值表现形式，不仅仅是根据资产评估目的等相关条件的被动选择，它们对于实现评估目的，特别是把握资产评估中的公允价值具有极其重要的作用。这种作用突出表现在资产评估的市场价值上。由于市场价值与市场价值以外的价值之间的特殊关系，市场价值及其成立条件是这种价值类型分类的基准，确立了市场价值及其成立的条件，就等于明确了市场价值以外的价值及其成立条件。明确了市场价值在资产评估中的作用，也就很容易把握市场价值以外的价值及其具体价值形式在资产评估中的作用。市场价值在资产评估中的作用主要体现在以下若干方面：

（1）市场价值是资产评估中的公允价值的坐标。既然公允价值是资产评估的基本目标，那么市场价值在资产评估中还起什么作用呢？应该讲，资产评估中的公允价值与市场价值是两个不同层次的概念。资产评估中的公允价值是一个宏观层次的概念，它包括了正常市场条件和非正常市场条件两种情况下的合理评估结果。而资产评估中的市场价值只是正常市场条件下资产处在最佳使用状态下的合理评估结果（而凡是不满足市场价值成立条件的其他合理评估结果都是另外一种价值类型——非市场价值）。相对于公允价值和市场价值而言，市场价值更为具体，条件更为明确，在实践中评估人员更宜把握。由于市场价值概念的明晰性和可把握性，资产评估中的市场价值能够成为资产评估公允价值的坐标和基本衡量尺度。而市场价值由于其自身优越的条件也确实能够起到这种作用。

1）市场价值是正常市场条件下的公允价值，正常市场条件容易理解、容易把握。

2）市场价值是资产正常使用（最佳使用）状态下的价值，正常使用（最佳使用）也容易理解和把握。

3）资产评估结果只有两大类价值类型，即市场价值和市场价值以外的价值，明确了市场价值也就容易把握市场价值以外的价值，并根据评估对象自身的状况及使用方式和状态偏离资产正常使用（最佳使用）的程度，以及评估时市场条件偏离正常市场条件的程度去把握市场价值以外的价值的量及其具体价值形式。

4）市场价值是资产评估中最为典型的公允价值，市场价值的准确定位是准确把握市场价值以外的价值的基础，也是准确把握公允价值的基础。

由于市场价值自身的特点，包括国际评估准则委员会在内的资产评估界广泛使用市场价值概念。并把资产评估中的市场价值作为衡量资产评估结果公允公正的基本尺度和标准。换一个角度来看，也正是定义了资产评估中的市场价值，才使得较为抽象的资产评估公允价值得以把握和衡量，公允价值才能够成为可操作的资产评估的基本目标。我们之所以反复强调理解和把握资产评估市场价值的重要性，不仅仅因为它是一种重要的价值类型，更重要的是，它是我们认识、把握和衡量资产评估结果公允性的基本尺度和坐标。从理论研究的角度，人们可以根据不同的标准将资产评估结果划分为若干种价值类型。但是，从有助于评估人员理解和把握资产评估基本目标，并很好地实现资产评估的目标的角度看，将资产评估结果划分为市场价值和市场价值以外的价值是最有实际意义的。在资产评估基本准则中选择市场价值和市场价值以外的价值作为资产评估的基本价值类型，正是对资产评估运作规律的一种抽象和概括。

（2）市场价值的另一个作用是在其评估所依据的市场范围内，市场价值是从市场整体的角度把握资产价值的相对合理和公允性的，而市场价值以外的价值的相对合理和公平性是受某些条件严格限制的。

第四节 资产评估与会计和审计的关系

资产评估与会计和审计应该说是既有联系又有区别的专业服务活动。讨论它们之间的关系，一是要明确它们在资产业务中，因专业分工而产生的内在联系。会计和审计提供以事实判断为主要内容的服务，而资产评估则提供以价值判断为主要内容的服务，它们都是现代市场经济赖以正常运行的基础性服务行业。二是要明确它们之间因工作性质、专业知识和执业标准的不同而产生的区别。

一、资产评估与会计和审计的联系

（一）资产评估与会计的联系

资产评估与会计的联系主要表现在特定条件下资产会计计价和财务报告利用资产评估结论，以及资产评估需要参考会计数据资料两个方面。

按照《中华人民共和国公司法》（中华人民共和国主席令第八号）及相关法律法规的

要求，投资方以非货币资产投资应当进行资产评估，并以资产评估结果为依据，确定投资数额。在财务处理上，资产评估结果是公司会计入账的重要依据。另外，在企业联合、兼并、重组等产权变动过程中，资产评估结果都可能是产权变动后企业重新建账、调账的重要依据。从这些方面来看，在特定条件下会计计价有利用资产评估结论的要求。

在《国际会计准则》及许多国家的会计制度中，提倡或允许同时使用历史成本和现行公允价值对有关资产进行记账和披露。例如，1991/1992年版的《国际会计准则16号——固定资产会计》第21条指出："有时财务报表不是在历史成本的基础上编报，而是将一部分或全部固定资产代替历史成本的重估价值编报，折旧也相应地重算……"第22条指出："重定固定资产价值的公认方法，是由合格的专业估价员进行估价，有时也使用其他方法，如按指数或参照现行价格进行调整。"而2004年版《国际财务报告准则》（IFRS）中的《国际会计准则第16号——厂场设备》第31条规定：土地和建筑的公允价值通常由具有专业资格的评估师根据以市场为基础的证据进行评估来确定。设备的公允价值通常是通过评估确定的市场价值。另外，英国、丹麦、法国也有类似的规定。国际会计准则委员会理事会在1998年苏黎世会议上决定，投资可用公允价值记账，公允价值一般通过活跃市场及可信的资产评估得到。

2006年2月15日，我国颁布的新的《企业会计准则》（中华人民共和共财政部第33号令）第一次全面地引入了公允价值，在投资性房地产、长期股权投资、交易性金融资产、债务重组、非货币性资产交换、非同一控制下企业合并、资产减值等具体准则中允许采用公允价值计量。财政部2014年1月26日发布的《企业会计准则第39号——公允价值计量》为以财务报告为目的的评估提供了相关技术指引。根据我国现阶段市场的发育程度，我国新的企业会计准则采取了有限度地运用公允价值作为会计计价属性的做法，并对采用公允价值计量规定了一些条件：①资产存在活跃市场的，应当以市场中的交易价格作为公允价值；②资产本身不存在活跃市场，但类似资产存在活跃市场的，应当以类似资产的交易价格为基础确定公允价值；③对于不存在同类或类似资产可比市场交易的资产，应当采用估值技术确定其公允价值。新会计准则的这一巨大变化更加强化了会计资产计价与资产评估的联系，以财务报告为目的的资产评估已经或正在被提到议事日程。伴随着新会计准则的实施，会计与资产评估的联系更加紧密，出现了相互依存、相互合作、相互支持和共同发展的局面。在今后的相当一段时间里，会计行业需要研究资产评估，特别是评估技术，并且寻求资产评估的技术支持；另外，会计准则的变化也给资产评估提出了新的研究课题和发展空间，同时也是对资产评估行业的一种挑战，注册资产评估师必须学习并掌握会计准则，特别是会计准则对公允价值的要求，掌握以财务报告为目的的资产评估的具体规范和技术要领。可以说，资产评估与会计资产计价之间的联系是空前的。

另外，资产评估利用和参考会计数据的情况也是经常发生的，特别是在企业价值评估中，需要广泛地利用企业财务报表、有关财务指标以及财务预测数据等。而且，这些企业会计数据资料的准确程度在一定程度上也会影响资产评估结果的质量。

不管是特定条件下会计计价利用资产评估结果，还是企业价值评估需要参考会计数据资料，都说明资产评估与会计有着一定的联系，而且这种联系会随着投资者对企业披露资产现值要求的不断提高而更加广泛。

(二) 资产评估与审计的联系

从我国的实际情况来看，资产评估与审计的联系主要表现在以下几个方面。

（1）资产评估中的资产清查阶段，就其工作方法而言，包括对委托方申报的评估对象进行核实和界定，有相当部分工作采用与审计类似的方法，具有"事实判断"的性质。

（2）根据我国现行资产评估法规要求，流动资产及企业负债也被纳入企业价值评估范围之内，而流动资产和负债的评估有相当部分可借鉴审计的方法进行。

（3）在企业价值评估中，经审计后的企业财务报表及相关数据可以作为企业价值评估的基础数据。

（4）由于会计资产计价是审计审核的一个重要方面，而会计资产计价与资产评估有着紧密的联系，审计审核会计资产计价也要大量运用资产评估技术和方法，审计运用评估技术进行工作使得审计与资产评估的关系更加紧密。

资产评估与会计和审计的联系是客观存在的，但它们之间的区别也是十分明显的。

二、资产评估与会计和审计的区别

(一) 资产评估与会计的区别

资产评估与会计计价，以及相互利用的情况只是在特定的条件下才能够发生或成立，在大多数情况下，两者的区别是明显的。

（1）会计是一项以记账、算账和报账为基本手段，连续地、系统地反映和监督企业生产经营、财务收支及其成果的一种社会活动。反映和监督是会计的基本职能。资产评估是一种价值判断活动，评估和咨询是资产评估的基本职能。

（2）会计记账和算账中的资产确认和计价有相当的一部分仍然以可靠计量的历史成本为依据。资产评估中的资产确认和评价主要是以资产效用和市场价值为依据。

（3）会计中的资产计价方法大量采用核算方法。资产评估中的资产价值评估除了可以利用核算方法外，还广泛地运用预期收益折现、市场售价类比等多种技术方法。

（4）会计工作的基本目标是为企业管理、会计核算和会计信息披露服务。资产评估的基本目标是为资产交易和产权变动服务。

(二) 资产评估与审计的区别

资产评估与审计虽同为专业中介服务性质的活动，但双方既相互区别，又相互联系。它们的区别主要如下。

（1）审计是在现代企业两权分离背景下产生的，旨在对企业财务报表所反映的企业财务状况和经营成果的真实性和公允性作出事实判断；资产评估是在市场经济充分发展的条件下，适应资产交易、产权变动的需要，为委托人与有关当事人的被评估资产作出价值判断。

（2）审计人员在执业过程中，要自始至终地贯彻公正、防护和建设3大专业原则；而资产评估人员在执业过程中则必须遵循供求、替代、贡献、预期等基本经济原则。

（3）审计工作以会计学、税法及其他经济法规等知识为专业知识基础；而资产评估的专业知识基础除了由经济学、法律、会计学等知识组成外，工程技术方面的知识也是其重要的组成部分。

（4）审计主要是对会计报告的审计，审计对业务的处理标准与会计是同一的，而与资产评估却是大相径庭，如市场价值与历史成本等。

练 习 题

一、单项选择题

1. 资产评估是通过对某一（　　）价值的估算，从而确定其价值的经济活动。
   A. 时点　　　　　B. 时期　　　　　C. 时区　　　　　D. 时段
2. （　　）是资产评估得以进行的一个最基本的前提假设。
   A. 公开市场假设　B. 交易假设　　　C. 清算假设　　　D. 持续使用假设
3. 同一资产，评估目的不同，其评估的结果应该（　　）。
   A. 不相同　　　　B. 相同　　　　　C. 基本一致　　　D. 不能确定
4. （　　）直接决定和制约资产评估价值类型和方法的选择。
   A. 资产评估的主体　　　　　　　　B. 资产评估的客体
   C. 评估的特定目的　　　　　　　　D. 评估程序
5. 资产评估的主体是指（　　）。
   A. 交易双方　　　　　　　　　　　B. 评估机构和评估人员
   C. 评估主管部门　　　　　　　　　D. 资产管理机构
6. 清算价格的评估适用于（　　）。
   A. 公开市场假设　B. 企业主体假设　C. 清算假设　　　D. 继续使用假设
7. 在企业价值评估中，对企业资产划分为有效资产和无效资产的主要目的是（　　）。
   A. 选择评估方法　　　　　　　　　B. 界定评估价值类型
   C. 界定评估具体范围　　　　　　　D. 明确企业盈利能力
8. 下列选项中不属于资产评估的基本作用的是（　　）。
   A. 评价和估值　　B. 咨询　　　　　C. 管理　　　　　D. 鉴证
9. 企业价值评估的一般前提是企业的（　　）。
   A. 独立性　　　　B. 持续经营性　　C. 整体性　　　　D. 盈利性
10. 评估的（　　）是对评估价值的质的规定。
    A. 客体　　　　　B. 特定目的　　　C. 价值类型　　　D. 方法
11. 资产评估和市场的关系是（　　）。
    A. 以市场为基础但高于市场　　　　B. 模拟市场条件有时接受市场检验
    C. 模拟市场条件但又必须接受市场检验　D. 和市场无关
12. （　　）是不可确指资产。
    A. 机器设备　　　B. 商标　　　　　C. 土地使用权　　D. 商誉

二、多项选择题

1. 下列各项属于资产评估要素的有（　　）。
   A. 评估主体　　　B. 特定目的　　　C. 经济业务活动　D. 价值类型
   E. 评估方法
2. 资产评估的工作原则有（　　）。

A. 预期性原则　　B. 独立性原则　　C. 替代性原则　　D. 科学性原则

E. 客观公正性原则

3. 资产评估的经济原则有（　　）。

A. 科学性原则　　B. 贡献原则　　C. 替代原则　　D. 预期原则

E. 成本效益原则

4. 资产评估的预期原则要求在进行资产评估时必须合理预测其未来的（　　）。

A. 市场需求量　　　　　　　　B. 技术进步替代情况

C. 获利能力　　　　　　　　　D. 拥有获利能力的有效期限

E. 市场价格

三、简答题

1. 简述资产评估的特征。
2. 简述资产评估的假设。
3. 简述资产评估的目的。
4. 简述资产评估与会计计价的区别。

第二章 企业价值概述

第一节 企业价值的内涵

一、企业价值的含义

马克思在《资本论》中对价值的本质作了详尽、系统的论述。他在对劳动二重性进行分析的基础上指出，价值的实体是一般人类劳动，即抽象劳动。所谓抽象劳动是指"把劳动活动的特定性质撇开，从而把劳动的有用性质撇开，生产活动就只剩下一点，它是人类劳动力的耗费……"。这种无差别的人类劳动就是抽象劳动。而这种无差别的人类一般劳动的凝结就形成了价值。

在企业界，企业价值往往被理解成企业所能创造出的价值，其关注点主要在企业未来的盈利水平。企业通过某种途径，如提高企业的管理水平和应用先进的科学技术以提高企业的生产能力、培训员工以提高员工素质等，可以提高企业现在和将来的获利能力。这样，企业的生产能力、获利能力、企业在市场中的地位以及企业在其所在行业中的影响力等因素就成为人们衡量企业价值时所需考虑的因素。

在财务管理学中，企业价值通常表述成企业全部资产的市场价值。其计算公式可以表示为

$$V = \sum_{t=1}^{n} \frac{FCF_t}{(1+r)^t} \quad (t=1, 2, 3, \cdots, n) \tag{2-1}$$

式中 V——企业价值的现值；

FCF_t——第 t 年的企业报酬，通常用现金流量表示；

t——取得报酬的持续年期；

r——贴现率。

在此基础上财务管理学还深入分析了当前业务价值和追加业务价值，以此得出企业总价值模型。

1. 当前业务价值模型

当前业务价值基本模型可以表示为

$$V = \sum \frac{C_t}{(1+K)^t} \tag{2-2}$$

式中 V——当前企业价值；

C_t——第 t 年期望现金流量；

K——资金平均成本；

t——持续经营期。

另外，当前业务价值模型根据不同处理方法可有两个变形：

(1) 以多年平均现金流量作为未来每年流入（流出）的现金流量，并假定以现金流量可以永远持续，则模型为

$$V = \sum_{t=1}^{\infty} \frac{C}{(1+K)^t} = \frac{C}{K} \qquad (2-2a)$$

式中　C——平均现金流量；

其余符号含义同前。

(2) 逐年预测前年现金流量，年后各年现金流量用平均现金流量粗略估算，并假定可以永远持续，则模型为

$$V = \sum_{t=1}^{n} \frac{C}{(1+K)^t} + \frac{C}{K(1+K)^n} \qquad (2-2b)$$

式中符号含义同前。

2. 追加业务的价值模型

在现实生产经营过程中，企业为在激烈竞争中求得生存和发展，就不会只满足于现有经营业务，而总是在不断地寻求新的利润增长点，开拓新的经营业务。其追加业务的价值模型可由以下公式表示。

为简化计算，假定现有业务和追加业务的现金流量都持续不变，则

$$追加业务在时间 t 的价值 = \frac{rI(t)}{K} \qquad (2-3a)$$

$$追加业务在时间 t 的净价值 = \frac{rI(t)}{K} - I(t) = \left(\frac{r-K}{K}\right)I(t) \qquad (2-3b)$$

$$追加业务当前的净价值 = \frac{1}{(1+K)^t}\left(\frac{r-K}{K}\right)I(t) \qquad (2-3c)$$

式中　r——追加业务的投资收益率；

K——资金的平均成本；

$I(t)$——追加业务投资额。

3. 企业总价值模型

由以上当前价值模型和追加价值模型的分析，可以进一步推导企业总价值模型。

只有一次追加业务的企业总价值模型为

$$V = \frac{C}{K} + \frac{1}{(1+K)^t}\left(\frac{r-K}{K}\right)I(t) \qquad (2-4a)$$

有多次追加业务的企业总价值模型为

$$V = \frac{C}{K} + \sum_{t=1}^{n} \frac{1}{(1+K)^t}\left(\frac{r-K}{K}\right)I(t) \qquad (2-4b)$$

财务管理中对企业价值的描述与企业价值评估中对企业价值的描述非常接近，事实上，企业价值评估中现金流量的评估方法所应用的原理就来源于此。一方面，这种从定量的角度来表述企业价值有助于更科学、合理地评价企业价值；另一方面，由于这种评估现金流量的方法是以较为准确的预测为前提的，所以现金流量折现法虽然在理论上较为科学合理，但在实际的企业价值评估实务中却有一定的局限性，需要其他评估方法作补充。

二、企业价值评估中关于企业价值内涵的说明

企业价值是一个整体概念。企业价值不仅仅是企业全部资产价值的简单相加之和，而

且是企业作为一个整体,其人力、物力、财力、管理能力等生产要素整合在一起所能在现在和未来获得净现金流量的能力。企业可以通过准确地把握投资机会,合理配置企业资源,其中包括进行投资和结构的战略调整,采取兼并收购、资产重组等方式,提高组织的灵活性和环境适应性,以增加社会及相关利益群体对企业收益和增长的预期,为投资者创造更多财富,提高企业价值。从这个意义上来讲,一方面,以企业价值作为评价指标能全面反映企业的经营状况,以此作为企业进行并购、重组、上市、担保等重大经营决策的依据;另一方面,企业价值可以对企业整个存续期间生产经营情况进行评估和反映。这样有助于企业的所有者和经营者制定长远的战略规划,避免短期行为,有利于企业的长远发展。

另外,企业价值是一个兼顾所有利益相关者的概念,有一些企业将企业价值最大化作为企业的经营目标。传统上,人们都认为股东承担了企业的全部风险,也应享受因经营发展带来的全部税后收益。所以股东所持有的在付清所有要素报酬后对剩余收益的要求权又称为"剩余索取权"。正因为享有剩余索取权,股东在企业业绩良好时可以最大限度地享受收益,在企业亏损时也将承担全部亏损。与债权人和任何职工相比,其权利、义务、风险、报酬都比较大,这就决定了企业以股东收益最大化为企业目标。但是,现代意义上的企业与以往企业有很大不同。事实上,现代企业中除企业股东外,企业债权人、企业职工甚至政府都承担了相当大的风险。20世纪50年代前,企业的负债率比较低,一般不超过50%,而现代企业资产负债率都比较高,我国企业的资产负债率有的接近或超过80%,债权人所承担的风险大大增加。现代企业职工所承担的风险也较传统企业承担的风险要大。同时,现代企业的劳动分工越来越细,劳动中的技术含量也越来越高,企业中从事专项作业的职工一旦失去工作,很难在进行其他专业培训之前重新就业,因此,企业职工所承担的风险也日益增加。另外,企业往往被理解成多边契约关系的总和。企业经营目标是企业各利益集团相互作用和相互妥协的结果。当企业某利益相关者的利益受到损害时,必然对企业生产经营成果产生不利影响,当然也不利于股东实现其财富最大化的目标,而企业各相关利益集团的目标都可以折中为长期稳定的发展以及企业总价值的不断增长,也就是说企业价值可以平衡各利益相关者,成为企业的最终目标。

从以上对企业价值的描述,我们可以把企业价值的实质理解为企业所有者因拥有企业而获得的在未来取得收益的权利。也就是说,企业价值并不是企业全部资产的总和,而是企业作为一个整体在未来获取收益的现值和。

第二节 企业价值评估的内涵、目的和特征

一、企业价值评估的内涵

在中国资产评估协会2004年12月30日颁布的《企业价值评估指导意见(试行)》(中评协〔2004〕第134号)第三条中明确指出:"本指导意见所称企业价值评估,是指注册资产评估师对评估基准日特定目的下企业整体价值、股东全部权益价值或部分权益价值进行分析、估算并发表专业意见的行为和过程。"

不论企业价值评估的是哪一种价值,它们都是企业在特定时期、地点和条件约束下所

具有的持续获利能力的市场表现。

1. 企业整体价值

企业整体价值用企业总资产价值减去企业负债中的非付息债务价值后的余值，或用企业所有者权益价值加上企业的全部付息债务价值表示。

$$资产＝负债＋所有者权益＝全部付息债务＋非付息债务＋所有者权益$$
$$企业所有者权益价值＋全部付息债务价值＝企业整体价值$$
$$总资产价值－非付息债务价值＝企业整体价值$$

2. 企业股东全部权益价值

企业股东全部权益价值是企业的所有者权益价值或净资产价值。

3. 股东部分权益价值

（1）股东部分权益价值其实就是企业一部分股权的价值，或股东全部权益价值的一部分。

（2）由于存在着控股权溢价和少数股权折价因素，股东部分权益价值并不必然等于股东全部权益价值与股权比例的乘积。

（3）在资产评估实务中，股东部分权益价值的评估通常是在取得股东全部权益价值后再来评定。应当在评估报告中披露是否考虑了控股权和少数股权等因素产生的溢价或折价。

二、企业价值评估的目的

企业价值评估，是指注册资产评估师依据相关法律、法规和资产评估准则，对评估基准日特定目的下企业整体价值、股东全部权益价值或者股东部分权益价值等进行分析、估算并发表专业意见的行为和过程。企业价值评估的目的是指某一评估项目是因为什么具体的业务需要而进行的，不同的评估目的评估对象不同，对评估方法的选择会有所不同。一般来说企业价值的评估目的有以下几种。

1. 企业的买卖出售

企业出售是指独立核算的企业或企业内部的分厂、车间及其他整体性资产的出售。企业的出售方在作出出售的决策之前，会考虑企业出售价值的问题，设定转手的底价，对于有意接手的买方来说，也要评估企业对买方的实际意义。

2. 企业清算

企业清算是指依据《中华人民共和国企业破产法》（中华人民共和国主席令第五十四号）的规定，在企业破产时进行清算；或依照国家有关规定对改组、合并、撤销法人资格的企业资产进行清算；或企业按照合同、契约、协议规定终止经营活动时进行的清算。这些时候需要对企业价值有一个合理的评估。

3. 企业合并

企业之间进行合并，合并过程中的各方都需要对各自的企业价值进行必要的合理估计，以合理调整合并各方的利益。

4. 税收

在西方国家，如果进行企业或单独某个部门的交易，都必须依照法律缴税。为此，必须首先弄清企业交易的价值，对企业价值进行评估。

5. 财务管理

企业要想快速增长，必须有较好的融资能力。无论是权益融资，还是债权融资，都需测算企业价值。

三、企业价值评估的特征

作为一门学科，企业价值评估更多地与企业发展战略、资本运营、财务状况分析联系在一起，并不只是评价其中单项资产的价值，而是立足于企业在市场竞争中的活力和能力，与会计、金融特别是财务分析、企业管理等学科密不可分。企业价值评估要求评估师具有深厚的财务会计和金融知识基础，对宏观经济、行业经济、企业状况具有较强的比较分析能力，并能熟练运用经济、财务、金融理论和现代信息、管理、计算机和数理统计等技术手段。企业价值评估是一种整体性评估，评估对象是由多个或多种单项资产组成的资产综合体，它决定了影响企业价值高低的因素，是企业整体获利能力的体现。

企业价值评估的特征主要有以下几个方面。

1. 整体性

企业价值评估中企业是作为一个经营整体并依据企业的未来收益能力来评估的，其评估对象是企业的全部资产，所反映的是其生产经营能力和持续获利能力。因此，企业价值评估强调的是从整体上计量企业全部资产的评估价值，这与企业单项资产评估各单项资产的实体价值是不一样的。一般来说，企业各项资产评估值的简单加总不一定等于企业总价值。一个管理水平较高、经营业绩较好的企业，其获利能力就较高，其企业价值评估值一般会大于各单项资产评估值之和；反之，一个濒临破产、负债累累的企业，其企业价值评估值往往低于各单项资产评估值之和。

2. 预测性

预测性是指企业价值评估要对企业未来获利潜能进行评估。一般来讲，假设企业的生产经营活动是一个持续的过程，评估企业价值时就可以用企业未来预期收益的折现值来反映企业的现实价值。

3. 公正性

公正性是指在评估中要尊重客观事实，公正地依照国家有关法律、法规和各种规章制度对被评估资产作出不偏不倚的估算和评定。因此，进行企业价值评估的评估人员应具有独立性，服务于企业价值评估业务的需要，而不是偏向于评估业务当事人中的任何一方的需要。这就要求评估者在评估时不仅要按照公允的、法定的准则和规章制度的要求科学地进行评估，还要以第三者的身份，不受外部干扰，不屈服于外界压力，不迁就任何当事人的片面要求，将企业总价值准确、客观地反映出来。

4. 咨询性

企业价值评估的咨询性指企业价值评估结论是为企业相关业务提供的专业化意见，这个意见可以为企业作出决策提供依据，但其本身并不具有强制实施的效力。评估者只对结论本身是否合乎职业规范要求负责，并不对企业的交易定价负责。事实上，企业价值评估为企业交易提供的估价往往是当事人作为要价和出价的参考，最终的成交价取决于讨价还价的能力。企业价值评估的咨询性与资产评估的咨询性是一致的。

第三节　企业价值评估的范围和信息资料收集与风险估计

一、企业价值评估的范围

（1）从产权的角度界定，企业价值评估的一般范围应该是企业产权涉及的全部资产。企业价值评估的范围包括以下几个部分：

1）企业产权主体自身拥有并投入经营的部分。
2）企业产权主体自身拥有未投入经营部分。
3）企业实际拥有但尚未办理产权的资产等。
4）虽不为企业产权主体自身占用及经营，但可以由企业产权主体控制的部分。如全资子公司、控股子公司，以及非控股公司中的投资部分；企业拥有的非法人资格的派出机构、分部及第三产业等。

（2）在具体界定企业价值评估的一般范围时，应根据以下有关数据资料进行。

1）企业价值评估申请报告及上级主管部门批复文件所规定的评估范围。
2）企业有关产权转让或产权变动的协议、合同、章程中规定的企业资产变动的范围。
3）企业有关资产产权证明、账簿、投资协议、财务报表。
4）其他相关资料等。

（3）企业价值评估中按照具体资产在企业中发挥的功效，划分为有效资产和无效资产。有效资产和无效资产的划分及其定义都是特指的，仅仅在企业价值评估具体操作中使用，这些定义并不具有一般性。

1）有效资产：指企业中正在运营或虽未正在运营但具有潜在运营经营能力，并能对企业盈利能力做出贡献、发挥作用的资产。
2）无效资产：指企业中不能参与生产经营，不能对企业盈利能力做出贡献的非经营性资产、闲置资产，以及虽然是经营性的资产，但是在被评估企业已失去经营能力和获利能力的资产的总称。

划分有效资产和无效资产的意义主要体现在以下两个方面：①有效资产是企业价值评估的基础，无效资产虽然也可能有交换价值，但无效资产的交换价值与有效资产价值的决定因素、形成路径是有差别的；②正确界定与区分有效资产和无效资产，将企业的有效资产作为运用各种评估途径与方法评估企业价值的基本范围或具体操作范围，对无效资产单独进行评估或进行其他技术处理。

（4）同时在界定企业价值评估一般范围及有效资产与无效资产时，应注意以下几点。

1）对于在评估时点产权不清的资产，应划为"待定产权资产"，可以列入企业价值评估的一般范围，但在具体操作时，应作特殊处理和说明，并需要在评估报告中披露。
2）在产权清晰的基础上，对企业的有效资产和无效资产进行区分。
3）在企业价值评估中，对无效资产有两种处理方式。①进行"资产剥离"，在运用多种评估途径及其方法进行有效资产及其企业价值评估前，将企业的无效资产单独剥离出去，无效资产的价值不作为企业价值的组成部分，作为独立的部分进行单独处理，并在评估报告中予以披露；②在运用多种评估途径及其方法进行有效资产及其企业价值评估前，将企业的无效资产单独剥离出去，用适合无效资产的评估方法将其进行单独评估，并将评估值加总到企业价值评估的最终结果之中，并在评估报告中予以披露。

4）如企业出售方拟通过"填平补齐"的方法对影响企业盈利能力的薄弱环节进行改进时，评估人员应着重判断该改进对正确揭示企业盈利能力的影响。

就目前我国的具体情况而言，该改进应主要针对由工艺"瓶颈"和资金"瓶颈"等因素所导致的企业盈利能力的薄弱环节。

二、企业价值评估中的信息资料收集与风险估计

（1）企业价值评估中的信息资料收集主要包括以下 3 个方面。

1）企业内部信息，主要包括企业一般性介绍资料及法律性文件、商业信息资料、资产重组资料、历史财务资料、计划的财务资料及针对经营情况的估计、房地产及设备评估资料、对外投资情况等。

2）企业经营环境（外部）信息，主要是指与企业经营发展密切相关的宏观经济信息以及产业经济信息。

3）市场信息，主要指各行业和竞争资料。

（2）企业价值评估中的风险估计。市场经济环境中，企业面临的风险包括经济不稳定、通货膨胀、资本控制权变动、国家政策变更、法律制度不健全带来的各种风险。对风险的估计不同，将影响企业价值评估的结果。转型经济条件下，在企业价值评估中，收益法是被国内外公认的主要评估方法，我国评估界也开始从过去的加和法转向收益评估企业价值。运用收益法的关键之一在于需要用与风险相符的折现率来折现企业未来的现金流，但折现率的确定在我国比较困难。后续章节中将详细论述收益法中依据各风险确定折现率的方法。

练 习 题

一、单项选择题

1. 如果企业资产收益率高于社会平均收益率，单项资产评估汇总确定的企业资产评估值会（　　）整体企业评估值。
   A. 低于　　　　　　B. 高于　　　　　　C. 等于　　　　　　D. 不一定
2. 从企业的买方、卖方来说企业的价值是由（　　）决定的。
   A. 社会必要劳动时间　　　　　　B. 企业的获利能力
   C. 企业的生产能力　　　　　　　D. 企业设备的质量
3. 从本质上讲，企业评估的真正对象是（　　）。
   A. 企业的生产能力　　　　　　　B. 企业的全部资产
   C. 企业整体资产　　　　　　　　D. 企业获利能力

二、多项选择题

1. 适应企业价值评估的方式有（　　）。
   A. 联营或参加企业集团　　　　　B. 整体转让
   C. 被其他且兼并　　　　　　　　D. 企业用部分资产对外投资

E. 企业将不需要用的资产拍卖
2. 下列各项中,属于企业价值评估的一般范围的有（　　）。
   A. 企业的全部资产　　　　　　　B. 企业的全资子公司
   C. 企业的控股子公司　　　　　　D. 企业的非控股子公司
   E. 非控股子公司的投资部分
3. 企业价值评估中在处理企业存在的无效资产时,可以采取（　　）等方式。
   A. 企业集团评估　　　　　　　　B. 股份合作制评估
   C. 资产剥离　　　　　　　　　　D. 单独评估
4. 对于在评估时点,应划入"待定产权"暂不列入企业评估的资产范围的资产包括（　　）。
   A. 无效资产　　　　　　　　　　B. 在用的机器设备
   C. 闲置资产　　　　　　　　　　D. 因产权纠纷暂时难以得出结论的资产
   E. 难以界定产权的资产
5. 从企业价值评估定义可以看出,企业价值表现为（　　）。
   A. 企业整体价值　　　　　　　　B. 股东全部权益价值
   C. 股东部分权益价值　　　　　　D. 重置价值
   E. 清算价值

三、简答题
1. 简述企业价值评估的目的及特征。
2. 企业价值评估与单项资产评估汇总确定企业资产评估价值的区别和联系是什么？

第三章 企业价值评估的市场法

第一节 市场法的基本原理

一、市场法的基本含义

市场法,是指利用市场上同样或类似资产的近期交易价格,经过直接比较或类比分析以估测资产价值的各种评估技术方法的总称。企业价值评估中的市场法,是指将评估对象与可比上市公司或者可比交易案例进行比较,确定评估对象价值的评估方法。市场法常用的两种具体方法是上市公司比较法和交易案例比较法。上市公司比较法是指获取并分析可比上市公司的经营和财务数据,计算适当的价值比率,在与被评估企业比较分析的基础上,确定评估对象价值的具体方法。交易案例比较法是指获取并分析可比企业的买卖、收购及合并案例资料,计算适当的价值比率,在与被评估企业比较分析的基础上,确定评估对象价值的具体方法。

从市场法的含义中可以发现,市场法是资产评估中若干评估思路中的一种,也是实现该评估技术思路的若干评估技术方法的集合。市场法是根据替代原则,采用比较和类比的思路及其方法判断资产价值的评估技术规程。因为任何一个正常的投资者在购置某项资产时,所愿意支付的价格不会高于市场上具有相同用途的替代品的现行市价。运用市场法要求充分利用类似资产成交价格信息,并以此为基础判断和估测被评估资产的价值。运用已被市场检验了的结论来评估被评估对象,显然是容易被资产业务各当事人所接受的。因此,市场法是资产评估中最为直接、最具说服力的评估方法之一。当然,通过市场法进行资产评估,尚需满足一些最基本的条件。

二、市场法的基本前提

通过市场法进行资产评估需要满足两个最基本的前提条件:①要有一个活跃的公开市场;②公开市场上要有可比的资产及其交易活动。

公开市场是一个充分的市场,市场上有自愿的买者和卖者,他们之间进行平等交易。这就排除了个别交易的偶然性,市场成交价格基本上可以反映市场行情。按市场行情估测被评估资产价值,评估结果会更贴近市场,更容易被资产交易各方所接受。

资产及其交易的可比性,是指选择的可比资产及其交易活动在近期公开市场上已经发生过,且与被评估资产及资产业务相同或相似。这些已经完成交易的资产就可以作为被评估资产的参照物,其交易数据是进行比较分析的主要依据。资产及其交易的可比性具体体现在以下几个方面:①参照物与评估对象在功能上具有可比性,包括用途、性能上的相同或相似;②参照物与被评估对象面临的市场条件具有可比性,包括市场供求关系、竞争状况和交易条件等;③参照物成交时间与评估基准日间隔时间不能过长,应在一个适度时间范围内,同时,时间对资产价值的影响是可以调整的。

参照物与评估对象的可比性是运用市场法评估资产价值的重要前提。把握住参照物与评估对象功能上的一致性,可以避免张冠李戴;把握住参照物与评估对象所面临的市场条件,可以明确评估结果的价值类型;选择近期交易的参照物,可以减少调整时间因素对资产价值影响的难度。

三、市场法的基本程序及有关指标

运用市场法进行评估,其基本程序如下:

(一) 选择参照物

不论评估对象是单项资产还是整体资产,运用市场法评估时都需经历选择参照物这样一个程序。对参照物的要求关键是一个可比性问题,包括功能、市场条件及成交时间等。另外就是参照物的数量问题。不论参照物与评估对象如何相似,通常参照物应选择 3 个以上。因为运用市场法评估资产价值,被评估资产的评估值高低在很大程度上取决于参照物成交价格水平,而参照物成交价又不仅仅是参照物功能自身的市场体现,它还受买卖双方交易地位、交易动机、交易时限等因素的影响。为了避免某个参照物个别交易中的特殊因素和偶然因素对成交价及评估值的影响,运用市场法评估资产时应尽可能选择多个参照物。

(二) 在评估对象与参照物之间选择比较因素

从理论上讲,影响资产价值的基本因素大致相同,如资产性质、市场条件等。但具体到每一种资产时,影响资产价值的因素又各有侧重。如影响房地产价值的主要是地理位置因素,而技术水平则在机器设备评估中起主导作用。所以,应根据不同种类资产价值形成的特点,选择对资产价值形成影响较大的因素作为对比指标,在参照物与评估对象之间进行比较。

(三) 指标对比、量化差异

根据前面所选定的对比指标,在参照物及评估对象之间进行比较,并将两者的差异进行量化。例如资产功能指标,尽管参照物与评估对象功能相同或相似,但在生产能力、产品质量,以及在资产运营过程中的能耗、料耗和工耗等方面都可能有不同程度的差异。运用市场法的一个重要环节就是将参照物与评估对象对比指标之间的上述差异数量化和货币化。

(四) 在各参照物成交价格的基础上,调整已经量化的对比指标差异

市场法是以参照物的成交价格作为评定估算评估对象价值的基础。在这个基础上将已经量化的参照物与评估对象对比指标差异进行调增或调减,就可以得到以每个参照物为基础的评估对象的初步评估结果。初步评估结果与所选择的参照物个数密切相关。

(五) 综合分析确定评估结果

按照一般要求,运用市场法通常应选择 3 个以上参照物。所以,在一般情况下,运用市场法评估的初步结果也在 3 个以上。根据资产评估的一般惯例的要求,正式的评估结果只能是一个,这就需要评估人员对若干评估初步结果进行综合分析,以确定最终的评估值。确定最终的评估值,主要是取决于评估人员对参照物的把握和对评估对象的认识。当然,如果参照物与评估对象的可比性都很好,评估过程中没有明显的遗漏或疏忽,采用算术平均法或加权平均法等方法将初步结果转换成最终评估结果也是可以的。

运用市场法评估单项资产应考虑的可比因素主要如下。

(1) 资产的功能。资产的功能是资产使用价值的主体,是影响资产价值的重要因素之一。在资产评估中强调资产的使用价值或功能,并不是从纯粹抽象意义上去讲,而是从资产的功能并结合社会需求,从资产实际发挥效用的角度来考虑。也就是说,在社会需要的前提下,资产的功能越好,其价值越高,反之亦然。

(2) 资产的实体特征和质量。资产的实体特征主要是指资产的外观、结构、役龄和规格型号等。资产的质量主要是指资产本身的建造或制造工艺水平。

(3) 市场条件。其主要是要考虑参照物成交时与评估时的市场条件及供求关系的变化情况。在一般情况下,供不应求时,价格偏高;供过于求时,价格偏低。市场条件上的差异对资产价值的影响应引起评估人员足够的关注。

(4) 交易条件。交易条件主要包括交易批量、交易动机、交易时间等。交易批量不同,交易对象的价格就可能不同。交易动机也对资产交易价格有影响。在不同时间交易,资产的交易价格也会有差别。

以上各因素是运用市场法经常涉及的一些可比性因素。在具体运用市场法进行评估时,还要视评估对象的具体情况考虑其具体的可比因素。如房地产评估中的区位因素,机器设备评估中的制造厂家、资产规格型号等。

四、市场法中的具体评估方法

市场法实际上是指在一种评估思路下的若干具体评估方法的集合。市场法中的具体方法可以根据不同的划分标准进行分类,这些分类并不是严格意义上的方法分类,大多是尊重某种习惯分类,分类的目的仅仅是为了叙述的便利和便于学习。按照参照物与评估对象的相近相似程度,市场法中的具体方法可以被分为两大类:①直接比较法;②间接比较法。

(一) 直接比较法

直接比较法,是指利用参照物的交易价格,以评估对象的某一或若干基本特征与参照物的同一及若干基本特征直接进行比较,得到两者的基本特征修正系数或基本特征差额,在参照物交易价格的基础上进行修正从而得到评估对象价值的一类方法。其基本计算公式为

$$评估对象价值 = 参照物成交价格 \times 修正系数1 \times 修正系数2 \times \cdots \times 修正系数 n$$

$$(3-1)$$

或

$$评估对象价值 = 参照物成交价格 \pm 基本特征差额1 \pm 基本特征差额2 \pm \cdots \pm 基本特征差额 n$$

$$(3-2)$$

直接比较法直观简洁、便于操作,但通常对参照物与评估对象之间的可比性要求较高。参照物与评估对象要达到相同或基本相同的程度,或参照物与评估对象的差异主要体现在某几项明显的因素上,例如新旧程度或交易时间先后等。

当参照物与评估对象的差异仅仅体现在某一基本特征上的时候,直接比较法还可能演变成以下具体评估方法,如现行市价法、市价折扣法、功能价值类比法、价格指数法和成新率价格调整法等。

第一节 市场法的基本原理

1. 现行市价法

当评估对象本身具有现行市场价格或与评估对象基本相同的参照物具有现行市场价格的时候，可以直接以评估对象或参照物在评估基准日的现行市场价格作为评估对象的评估价值。例如，可上市流通的股票和债券可以其在评估基准日的收盘价作为评估价值；批量生产的设备、汽车等可按同品牌、同型号、同规格、同厂家、同批量的设备、汽车等的现行市场价格作为评估价值。

2. 市价折扣法

市价折扣法以参照物成交价格为基础，考虑到评估对象在销售条件、销售时限等方面的不利因素。凭评估人员的经验或有关部门的规定，设定一个价格折扣率来估算评估对象价值的方法。其计算公式为

$$资产评估价值 = 参照物成交价格 \times (1-价格折扣率) \quad (3-3)$$

此方法一般只适用于评估对象与参照物之间仅存在交易条件方面差异的情况。

下面的举例仅仅在于说明评估方法本身的应用，并不是严格意义上的实践运用。

【例 3-1】 评估某拟快速变现资产，在评估基准日与其完全相同的正常变现价为 10 万元，经注册资产评估师综合分析，认为快速变现的折扣率应为 40%，因此，该拟快速变现资产价值接近于 6 万元。

$$资产评估价值 = 10 \times (1-40\%) = 6（万元）$$

3. 功能价值类比法

功能价值类比法（也称类比估价法）是以参照物的成交价格为基础，考虑参照物与评估对象之间的功能差异进行调整来估算评估对象价值的方法。根据资产的功能与其价值之间的关系可分为线性关系和指数关系两种情况。

（1）资产价值与其功能呈线性关系的情况，通常被称作生产能力比例法，其计算公式为

$$资产评估价值 = 参照物成交价格 \times \frac{评估对象生产能力}{参照物生产能力} \quad (3-4)$$

当然，功能价值类比法不仅仅表现在资产的生产能力这一项指标上，它还可以通过对参照物与评估对象的其他功能指标的对比，利用参照物成交价格推算出评估对象价值。

下面的举例仅仅在于说明评估方法本身的应用，并不是严格意义上的实践运用。

【例 3-2】 被评估资产年生产能力为 90t，参照资产的年生产能力为 120t，评估基准日参照资产的市场价格为 10 万元，由此确定被评估资产价值接近于 7.5 万元。

$$资产评估价值 = 10 \times 90/120 = 7.5（万元）$$

（2）资产价值与其功能呈指数关系的情况，通常被称作规模经济效益指数法，其计算公式为

$$资产评估价值 = 参照物成交价格 \times (评估对象生产能力/参照物生产能力)^x \quad (3-5)$$

下面的举例仅仅在于说明评估方法本身的应用，并不是严格意义上的实践运用。

【例 3-3】 被评估资产年生产能力为 90t，参照资产的年生产能力为 120t 评估基准日参照资产的市场价格为 10 万元，该类资产的功能价值指数为 0.7，由此确定被评估资产价值接近于 8.18 万元。

资产评估价值 = $10\times(90/120)^{0.7}$ = 8.18(万元)

4. 价格指数法

价格指数法(也称物价指数法)是以参照物成交价格为基础,考虑参照物的成交时间与评估对象的评估基准日之间的时间间隔对资产价值的影响,利用价格指数调整估算评估对象价值的方法。其计算公式为

$$\text{资产评估价值} = \text{参照物成交价格} \times (1+\text{价格变动指数}) \tag{3-6}$$

$$\text{资产评估价值} = \text{参照物资产交易价格} \times \frac{1+\text{评估基准日同类资产定基价格变动指数}}{1+\text{参照物交易日期同类资产定基价格变动指数}}$$

$$(3-6a)$$

或

资产评估价值 = 参照物资产交易价格 × 参照物交易期日至评估基准日各期(1+环比价格变动指数)乘积

$$(3-6b)$$

$$\text{资产评估价值} = \text{参照物成交价格} \times \text{价格指数} \tag{3-7}$$

(1) 运用定基指数修正。如果能够获得参照物和评估对象的定基价格指数或定基价格变动指数,价格指数法的数学式可以概括为

$$\text{资产评估价值} = \text{参照物资产交易价格} \times \frac{\text{评估基准日资产定基价格指数}}{\text{参照物交易期日资产定基价格指数}}$$

$$(3-7a)$$

(2) 运用环比指数修正。如果能够获得参照物和评估对象的环比价格指数或环比价格变动指数,价格指数法的数学式可以概括为

资产评估价值 = 参照物资产交易价格 ×
参照物交易期日至评估基准日各期环比价格指数乘积

$$(3-7b)$$

价格指数法一般只运用于评估对象与参照物之间仅有时间因素存在差异的情况,且时间差异不能过长。当然,此方法稍做调整可作为市场售价类比法中估测时间差异系数或时间差异值的方法。下面的举例仅仅在于说明评估方法本身的应用,并不是严格意义上的实践运用。

【例3-4】 与评估对象完全相同的参照资产6个月前的成交价格为10万元,半年间该类资产的价格上升了5%,运用式(3-6),则评估对象的评估价值接近于

资产评估价值 = $10\times(1+5\%)$ = 10.5(万元)

【例3-5】 被评估房地产于2015年6月30日进行评估,该类房地产2015年上半年各月月末的价格同2014年底相比,分别上涨了2.5%、5.7%、6.8%、7.3%、9.6%和10.5%。其中参照房地产在2015年3月底的价格为3800元/m²,运用式(3-6a)则评估对象于2015年6月30日的价值接近于

$$\text{房地产评估价值} = 3800 \times \frac{1+10.5\%}{1+6.8\%} = 3932(\text{元}/m^2)$$

【例3-6】 已知某资产在2015年1月的交易价格为300万元,该种资产已不再生产,但该类资产的价格变化情况如下:2015年1—5月的环比价格指数分别为103.6%、

98.3%、103.5%和104.7%。根据式（3-7b）评估对象予2015年6月的评估价值最接近于

$$300 \times 103.6\% \times 98.3\% \times 103.5\% \times 104.7\% = 331.1（万元）$$

5. 成新率价格调整法

成新率价格调整法是以参照物的成交价格为基础，考虑参照物与评估对象新旧程度上的差异，通过成新率调整估算出评估对象的价值。其计算公式为

$$资产评估价值 = 参照物成交价格 \times \frac{评估对象成新率}{参照物成新率} \tag{3-8}$$

其中

$$资产的成新率 = \frac{资产的尚可使用年限}{资产的已使用年限 + 资产的尚可使用年限}$$

此方法一般只运用于评估对象与参照物之间仅有成新程度差异的情况。当然，此方法略加改造也可以作为计算评估对象与参照物成新程度差异调整率和差异调整值的方法。

当然，如果当参照物与评估对象的差异不仅仅体现在某一基本特征上的时候，上述评估方法，如现行市价法、市价折扣法、功能价值类比法、价格指数法和成新率价格调整法等的运用就可以演变成参照物与评估对象各个基本特征修正系数的计算了，如交易情况修正系数（正常交易情况/参照物交易情况）、功能价值修正系数（评估对象生产能力/参照物生产能力）、交易时间修正系数（评估对象的定基价格指数/参照物的定基价格指数）和成新程度修正系数（评估对象成新率/参照物成新率）等。

直接比较法具有适用性强、应用广泛的特点。但该法对信息资料的数量和质量要求较高，而且要求评估人员要有较丰富的评估经验、市场阅历和评估技巧。因为直接比较法可能要对参照物与评估对象的若干可比因素进行对比分析和差异调整，没有足够的数据资料以及对资产功能、市场行情的充分了解和把握，很难准确地评定估算出评估对象的价值。

在具体操作过程中，直接比较法中使用频率较高的有以下技术方法。

1. 市场售价类比法

市场售价类比法是以参照物的成交价格为基础，考虑参照物与评估对象在功能、市场条件和销售时间等方面的差异，通过对比分析和量化差异，调整估算出评估对象价值的各种方法。其计算公式为

$$资产评估价值 = 参照物售价 + 功能差异值 + 时间差异值 + \cdots + 交易情况差异值 \tag{3-9}$$

$$资产评估价值 = 参照物售价 \times 功能差异修正系数 \times \cdots \times 时间差异修正系数 \tag{3-10}$$

【例3-7】 估价对象概况：待估地块为城市规划上属于住宅区的一块空地，面积为600m²，地形为长方形。评估要求：评估该地块2015年10月3日的市场价值。评估过程如下：

(1) 选择评估方法。该种类型的土地有较多的交易实例，故采用市场法进行评估。

(2) 收集有关的评估资料。

1) 收集待估土地资料（略）。

2) 收集交易实例资料。选择4个交易实例，作为参照物，具体情况见表3-1。

(3) 进行交易情况修正。经分析,交易实例 A、D 为正常买卖,无须进行交易情况修正;交易实例 B 较正常买卖价格偏低 2%;交易实例 C 较正常买卖价格偏低 3%。

则各交易实例的交易情况修正率为:交易实例 A,0%;交易实例 B,2%;交易实例 C,3%;交易实例 D,0%。

(4) 进行交易日期修正。根据调查,2014 年 10 月 4 日以来土地价格平均每月上涨 1%,则各参照物交易实例的交易日期修正率为:交易实例 A,6%;交易实例 B,7%;交易实例 C,12%;交易实例 D,10%。

表 3-1 交 易 实 例 情 况 表

项目		交易实例 A	交易实例 B	交易实例 C	交易实例 D	估价对象
坐落地点		略	略	略	略	略
所处地区		临近	类似	类似	类似	一般市区
用地性质		住宅	住宅	住宅	住宅	住宅
土地类型		空地	空地	空地	空地	空地
交易日期		2015年4月	2015年3月	2014年10月	2014年12月	2015年10月
价格	总价/万元	19.6	37.2	27.4	37.8	
	单价/(元/m²)	870	820	855	840	
面积/m²		225	380	320	450	600
形状		长方形	长方形	长方形	略正方形	长方形
地势		平坦	平坦	平坦	平坦	平坦
地质		普通	普通	普通	普通	普通
基础设施		较好	完备	较好	很好	很好
交道状况		很好	较好	较好	较好	很好
正面路宽/m		8	6	8	8	8
容积率		6	5	6	6	6
剩余使用年限/a		35	30	35	30	30

(5) 进行区域因素修正。交易实例 A 与待估土地处于同一地区,无须作区域因素修正。

交易实例 B、C、D 的区域因素修正情况可参照表 3-2 判断。本次评估设定待估地块的区域因素值为 100,则根据表 3-2 各种区域因素的对比分析,经综合判定打分,交易实例 B 所属地区为 88,交易实例 C 所属地区为 108,交易实例 D 所属地区为 100。

表 3-2 区域因素比较评分表

区域因素 \ 类似地区	B	C	D
自然条件	(相同) 10	(相同) 10	(相同) 10
社会环境	(较差) 7	(相同) 10	(相同) 10
街道条件	(相同) 10	(相同) 10	(相同) 10
交通便捷度	(稍差) 8	(稍好) 12	(相同) 10
离交通车站点距离	(较远) 7	(稍近) 12	(相同) 10
离市中心距离	(相同) 10	(稍近) 12	(相同) 10

续表

区域因素＼类似地区	B	C	D
基础设施状况	（稍差）8	（相同）10	（稍好）12
公共设施完备状况	（相同）10	（较好）12	（相同）10
水、大气、噪声污染状况	（相同）10	（相同）10	（相同）10
周围环境及景观	（稍差）8	（相同）10	（稍差）8
综合打分	88	108	100

（6）进行个别因素修正。

1）经比较分析，待估土地的面积较大，有利于充分利用，另外环境条件也比较好，故判定比各交易实例土地价格高2%。

2）土地使用年限因素的修正。交易实例B、D与待估土地的剩余使用年限相同无须修正。交易实例A、C均需作使用年限因素的调整，其调整系数测算如下（假定折现率为8%）：

$$年限修正系数 = \left[1 - \frac{1}{(1+8\%)^{30}}\right] / \left[1 - \frac{1}{(1+8\%)^{35}}\right]$$
$$= (1 - 0.0994)/(1 - 0.0676)$$
$$= 0.9006/0.9324$$
$$= 0.9659$$

（7）计算待估土地的初步价格。

交易实例A修正后的单价为

$$870 \times \frac{100}{100} \times \frac{106}{100} \times \frac{100}{100} \times \frac{102}{100} \times 0.9659 = 909(元/m^2)$$

交易实例B修正后的单价为

$$820 \times \frac{100}{98} \times \frac{107}{100} \times \frac{100}{88} \times \frac{102}{100} = 1038(元/m^2)$$

交易实例C修正后的单价为

$$855 \times \frac{100}{97} \times \frac{112}{100} \times \frac{100}{108} \times \frac{102}{100} \times 0.9659 = 901(元/m^2)$$

交易实例D修正后的单价为

$$840 \times \frac{100}{100} \times \frac{110}{100} \times \frac{100}{100} \times \frac{102}{100} = 942(元/m^2)$$

（8）采用简单算术平均法求取评估结果。

土地评估单价＝(909＋1038＋901＋942)/4＝948（元/m²）

土地评估总价＝600×948＝568 800（元）

2. 价值比率法

价值比率法，是指以参照物的市场交易价格，与其某一经济参数或经济指标相比较形成的价值比率作为乘数或倍数，乘以评估对象的同一经济参数或经济指标，从而得到评估对象价值的一种具体评估方法。价值比率法中的价值比率种类非常多，这里只介绍两种简单的价值比率，其他的情况会在以后的章节中出现和应用。

（1）成本市价法。成本市价法是以评估对象的现行合理成本为基础，利用参照物的成本市价比率来估算评估对象的价值的方法。其计算公式为

$$资产评估价值 = 评估对象现行合理成本 \times \frac{参照物成交价格}{参照物现行合理成本} \quad (3-11)$$

【例 3-8】 评估基准日某市商品住宅的成本市价率为 150%。已知被估全新住宅的现行合理成本为 20 万元，则其市价接近于 30 万元。

$$资产评估价值 = 20 \times 150\% = 30（万元）$$

（2）市盈率倍数法。市盈率倍数法主要适用于企业价值的评估。市盈率倍数法是以参照物（企业）的市盈率作为乘数（倍数），以此乘数与被评估企业相同口径的收益额相乘估算评估企业价值的方法。其计算公式为

$$企业评估价值 = 被评估企业相同口径收益额 \times 参照物（企业）市盈率 \quad (3-12)$$

【例 3-9】 某被估企业的年净利润为 1000 万元，评估基准日市场上同类企业平均市盈率为 20 倍，则

$$该企业的评估价值 = 1000 \times 20 = 20000（万元）$$

在具体评估实践过程中，除了可以运用直接比较法以外，也可以运用间接比较法。

（二）间接比较法

间接比较法也是市场法中最基本的评估方法。该法是以资产的国家标准、行业标准或市场标准（标准可以是综合标准，也可以是分项标准）作为基准，分别将评估对象与参照物整体或分项与其对比打分从而得到评估对象和参照物各自的分值。再利用参照物的市场交易价格，以及评估对象的分值与参照物的分值的比值（系数）求得评估对象价值的一类评估方法。该法并不要求参照物与评估对象必须一样或者基本一样。只要参照物与评估对象在大的方面基本相同或相似，通过评估对象和参照物与国家、行业或市场标准的对比分析，掌握参照物与评估对象之间的差异，在参照物成交价格的基础上调整估算评估对象的价值。

由于间接比较法需要利用国家、行业或市场标准，应用起来有较多的局限，在资产评估实践中应用并不广泛。

在上述各种具体评估方法中，许多具体评估方法既适用于直接评估单项资产的价值，也适用于在市场法中估测评估标的与参照物之间某一种差异的调整系数或调整值。在现代市场经济条件下，单项资产和整体资产都可以作为交易对象进入市场流通，无论是单项资产还是整体资产的交易实例都可以为运用市场法进行资产评估提供可参照的评估依据和资料。当然，上述具体方法只是市场法中的一些经常使用的方法，市场法中的具体方法还有许多。读者必须注意的是，以上具体方法还可能成为或可以成为成本法的具体方法。但是作为市场法中的具体方法，它的使用前提必须满足两个最基本的条件：①利用参照物进行评估，且参照物与评估对象必须相同或相似，即具有可比性；②参照物的交易时间与评估基准日间隔不能过长。而作为成本法中的具体方法的使用前提可能会与作为市场法中的具体方法有所区别。

第二节 市场法在企业价值评估中的应用

市场法在企业价值评估中的应用是通过在市场上找出若干个与被评估企业相同或相似的参照企业，以参照企业的市场交易价格及其财务数据为基础测算出来的价值比率，通过分析、比较、修正被评估企业的相关财务数据，在此基础上确定被评估企业的价值比率，并通过这些价值比率得到被评估企业的初步评估价值，最后通过恰当的评估方法确定被评估企业的评估价值。

（1）企业价值评估的市场法是基于相同及类似企业应该具有相同或类似交易价格的理论推断。因此，企业价值评估市场法的技术路线是首先在市场上寻找与被评估企业相类似的可比企业的交易案例，通过对所寻找到的交易案例中类似可比企业交易价格及其价值比率的分析，从而确定适用于被评估企业的价值比率和评估价值。

（2）运用市场法评估企业价值存在两个障碍。一是被评估企业与参照企业之间的"可比"性问题。企业不同于普通的资产，企业间或多或少都存在着个体差异。每一个企业都存在不同的特性，除了所处行业、规模大小等可确认的因素各不相同外，影响企业形成盈利能力的无形因素更是纷繁复杂。因此，几乎难以找寻到能与被评估企业直接进行比较的类似企业。二是企业交易案例的差异。即使存在能与被评估企业进行直接比较的类似企业，要找到能与被评估企业的产权交易相比较的交易案例也相当困难。首先，目前我国市场上不存在一个可以共享的企业交易案例资料库，因此，评估人员无法以较低的成本获得可以应用的交易案例；其次，即使有渠道获得一定的案例，但这些交易的发生时间、市场条件和宏观环境又各不相同，评估人员对这些影响因素的分析也会存在主观和客观条件上的障碍。因此，运用市场法对企业价值进行评估，不能基于直接比较的简单思路，而要通过间接比较分析影响企业价值的相关因素，对企业价值进行评估。市场法中常用的两种具体方法是参考企业比较法和并购案例比较法。

参考企业比较法是指通过对资本市场上与被评估企业处于同一或类似行业的上市公司的经营和财务数据进行分析，计算适当的价值比率或经济指标，在与被评估企业比较分析的基础上，得出评估对象价值的方法。

并购案例比较法是指通过分析与被评估企业处于同一或类似行业的公司的买卖、收购及合并案例，获取并分析这些交易案例的数据资料，计算适当的价值比率，在与被评估企业比较分析的基础上，得出评估对象价值的方法。

一、运用市场法评估企业价值的基本步骤

（1）明确被评估企业的基本情况，包括评估对象范围及其相关权益情况。

（2）恰当选择与被评估对象进行比较分析的参照企业。参照企业应与被评估对象在同一行业或受同一经济因素影响，它们已经交易或具有交易价格，参照企业与被评估企业之间具有可比性。

（3）将参照企业与被评估企业的财务数据和经济指标进行必要的分析、对比和调整，保证它们之间在财务报告的编制基础、评估对象范围、重要数据的计算、反映方式等方面具有可比性。例如，调整非正常收入和支出、调整非经营性资产和无效资产等。

(4) 选择并计算恰当的价值比率。在选择并计算价值比率过程中，评估人员应当注意以下若干事项：

1) 选择的价值比率应当有利于评估对象价值的判断。
2) 用于价值比率计算的参照企业的相关数据应当恰当可靠。
3) 用于价值比率计算的相关数据口径和计算方式应当一致。
4) 被评估企业与参照企业相关数据的计算方式应当一致。
5) 合理将参照企业的价值比率应用于被评估企业。

(5) 将价值比率应用于被评估企业所对应的财务数据，并考虑适当地调整得出初步评估结论。

(6) 根据被评估企业的特点，在考虑了对于缺乏控制权、流动性，以及拥有控制权和流动性等因素可能对评估对象的评估价值产生影响的基础上，评估人员在进行必要分析的基础上，以恰当的方式进行调整，以形成最终评估结论并在评估报告中明确披露。

二、参考企业比较法和并购案例比较法的运用

不论是参考企业比较法，还是并购案例比较法，运用上述方法的核心问题是确定适当的价值比率，价值比率的测算思路可用公式表示如下：

$$\frac{V_1}{X_1} = \frac{V_2}{X_2} \tag{3-13}$$

即

$$V_1 = X_1 \frac{V_2}{X_2}$$

式中　V_1——被评估企业价值；

V_2——参照可比企业价值；

X_1——被评估企业与企业价值相关的可比指标；

X_2——参照可比企业与企业价值相关的可比指标。

$\frac{V}{X}$ 通常又称为可比价值倍数。式中 X 参数通常选用以下财务变量：①利息、折旧和税收前利润，即 $EBIDT$；②无负债净现金流量，即企业自由现金流量；③净现金流量，即股权自由现金流量；④净利润；⑤销售收入；⑥净资产；⑦账面价值等。

确定价值比率的关键在于两点：

(1) 对可比企业的选择。判断企业的可比性存在两个标准：

1) 行业标准。处于同一行业的企业存在着某种可比性。但在同一行业内选择可比企业时应注意，目前的行业分类过于宽泛，处于同一行业的企业可能所生产的产品和所面临的市场完全不同，在选择时应加以注意。即使是处于同一市场，生产同一产品的企业，由于其在该行业中的竞争地位不同，规模不同，相互之间的可比性也不同。因此，在选择时应尽量选择与被评估企业的地位相类似的企业。

2) 财务标准。既然企业都可以视为是在生产同一种产品——现金流，那么存在相同的盈利能力的企业通常具有相类似的财务结构。因此，可以从财务指标和财务结构的分析中对企业的可比性进行判断。

(2) 对可比指标的选择。对可比指标的选择只遵循一个原则：可比指标应与企业的价值直接相关。在企业价值评估中，现金流量和利润是最主要的候选指标，因为企业的现金

第二节 市场法在企业价值评估中的应用

流量和利润直接反映了企业的盈利能力，也就与企业的价值直接相关。

基于成本和便利的原因，目前运用市场法对企业价值进行评估主要在证券市场上寻找与被评估企业可比的上市公司作为参照企业，即采用参考企业比较法。在运用参考企业比较法过程中，通常使用市盈率乘数（P/E）法对企业价值进行评估。市盈率乘数法的思路是将上市公司的股票年收益和被评估企业的利润作为可比指标，在此基础上评估企业价值的方法。其基本思路是：①从证券市场上搜寻与被评估企业相似的可比企业，按企业的不同的收益口径，如利息、折旧和税收前利润、息前净现金流、净利润等，计算出与之相应的市盈率；②确定被评估企业不同口径的收益额；③以可比企业相应口径的市盈率乘以被评估企业相应口径的收益额，初步评定被评估企业的价值；④对于按不同样本计算的企业价值分别给出权重，加权平均计算企业价值。在运用该方法时，还需对评估结果进行适当调整，以充分考虑被评估企业与上市公司的流动性、控制权等差异。由于企业的个体差异始终存在，把某一个相似企业的某个关键参数作为比较的唯一的标准，往往会产生一定的误差。为了降低单一样本、单一参数所带来的误差和变异性，目前国际上比较通用的办法是采用多样本、多参数的综合方法。例如，评估 W 公司的价值，我们从市场上找到了 3 个（一般为 3 个以上的样本）相似的公司 A、B、C，然后分别计算各公司的市场价值与销售额的比率、与账面价值的比率以及与净现金流量的比率，这些比率即为可比价值倍数（V/X），结果见表 3 - 3。

表 3 - 3　　　　　　　　　　　参照公司价值比率汇总表

	A 公司	B 公司	C 公司	平均
市价/销售额	1.2	1.0	0.8	1.0
市价/账面价值	1.3	1.2	2.0	1.5
市价/净现金流量	20	15	25	20

把 3 个样本公司的各项可比价值倍数分别进行平均，就得到了应用于 W 公司评估的 3 个倍数。需要注意的是，计算出来的各个公司的比率或倍数在数值上相对接近是十分重要的。如果它们差别很大，就意味着平均数附近的离差是相对较大的，所选样本公司与目标公司在某项特征上就存在着较大的差异性，此时的可比性就会受到影响，需要重新筛选样本公司。

表 3 - 3 得出的结果具有较强的可比性。此时假设 W 公司的年销售额为 1 亿元，账面价值为 6000 万元，净现金流量为 500 万元，然后我们使用从上表得到的 3 个倍数计算出 W 公司的指示价值，再将 3 个指示价值进行算术平均，见表 3 - 4。

表 3 - 4　　　　　　　　　　　W 公司的评估价值

项　目	W 公司实际数据/万元	可比公司平均比率	W 公司指示价值/万元
销售额	10000	1.0	10000
账面价值	6000	1.5	9000
净现金流量	500	20	10000
W 公司的平均价值			9700

表 3-4 中得到的 3 个可比价值倍数分别是 1.0、1.5、20，然后分别以 W 公司的 3 个指标 10000 万元、6000 万元、500 万元分别乘以 3 个可比价值倍数，得到 W 公司的 3 个指示价值 10000 万元、9000 万元、10000 万元，将 3 个指示价值进行平均得到 W 公司的评估价值，为 9700 万元。

练 习 题

一、单项选择题

1. 采用市场法评估资产价值时，评估值的评定应参照相同或相似资产的（　　）。
   A. 市场价格　　　B. 重置成本　　　C. 收益现值　　　D. 清算价格
2. 运用市场法时选择 3 个及 3 个以上参照物的目的是（　　）。
   A. 使参照物具有可比性　　　　　　B. 便于计算
   C. 排除参照物个别交易的偶然性　　D. 避免张冠李戴
3. 资产评估中的基本方法是指（　　）。
   A. 一种具体方法
   B. 多种评估方法集合
   C. 一条评估思路
   D. 一条评估思路与实现该思路的各种评估方法的总称
4. 对于商业房地产来说，决定其价格的根本区域因素是（　　）。
   A. 风景好坏　　　B. 交通设施条件　　　C. 地段　　　D. 居民的职业构成
5. 市场法所遵循的基本原则是（　　）。
   A. 贡献性原则　　B. 合法原则　　C. 独立性原则　　D. 替代原则

二、多项选择题

1. 在运用市场法进行资产评估时，应当考虑的参照物差异调整因素主要有（　　）。
   A. 使用偏好因素　　B. 时间因素　　C. 地域因素　　D. 功能因素
   E. 产品周期因素
2. 评估资产时采用的物价指数，一般应是（　　）。
   A. 综合物价指数　　　　　　　　B. 分类或个别物价指数
   C. 评估基准日的物价指数　　　　D. 年平均物价指数
   E. 资产原值
3. 应用市场法进行资产评估必须具备的前提条件是（　　）。
   A. 需要有一个充分发育活跃的公开市场
   B. 必须具有足够数量的参照物
   C. 可以收集到被评估资产与参照物可比较的指标和技术参数
   D. 市场上必须有与被评估资产相同或类似的全新资产
   E. 市场上的参照物与被评估资产的功能相同或相似

三、简答题

1. 什么是市场法？市场法适用的前提条件是什么？

2. 简述在运用市场法进行企业价值评估时所常用的几个基本方法。

四、计算题

1. 有一宗待评估土地，剩余使用年限为 40 年，土地资本化率为 7%，现收集到 A、B、C、D 4 个宗地交易实例，具体情况见表 3-5。

表 3-5　　　　　　　　　　评估对象及交易实例基本信息表

宗地	成交价格/(元/m²)	交易时间	交易情况	容积率	区域因素	个别因素	剩余年限/a
评估对象		2015 年 1 月	0	3	0	0	40
A	6864	2014 年 1 月	−5%	2.8	−2%	−3%	38
B	7488	2014 年 1 月	0	3.2	+3%	0	39
C	7176	2014 年 1 月	0	3	+2%	0	38
D	6552	2014 年 1 月	−2%	2.8	0	−3%	36

表 3-5 中交易情况、区域因素和个别因素均是交易实例与评估对象相比较，以评估对象为基准确定的数值，该城市此类用地容积率与地价的关系为：当容积率在 2.5~3.5 时，容积率每增加 0.1，宗地地价比容积率为 2.5 时增加 2%。该城市从 2013 年到 2015 年，此类用地每年价格上涨 3%。试根据上述条件评估该宗地 2015 年 1 月的价格。

2. 被评估 M 公司为一家非上市的饮料企业，因股权出售委托甲评估机构对 M 公司股东全部权益价值进行评估。评估基准日为 2014 年 12 月 31 日。甲评估机构通过调查了解收集了 M 公司的基本情况：M 公司在评估基准日之前各年均盈利，2014 年 12 月 31 日的有关财务数据如下：销售收入为 240000 万元，账面净资产为 300000 万元，净利润为 29600 万元。甲评估机构了解到，目前上市公司中与 M 公司生产相同或类似的饮料公司有许多，M 公司的股权价值评估可以采用市场法中的上市公司比较法进行。甲评估机构通过筛选，选择了现已上市的且与 M 公司相同或接近的 A、B、C、D 4 家饮料企业作为参照公司，通过参照公司与 M 公司可比性分析和相关因素调整，获得 A、B、C、D 4 家公司的可比相关财务数据，利用 A、B、C、D 4 家公司的股价和可比相关财务数据计算相应的价值比率，再利用这 4 家上市公司的价值比率均值及 M 公司的相关财务指标进行评估。A、B、C、D 4 家上市公司的股价和相关财务数据见表 3-6。

求 M 公司的股东全部权益价值。

表 3-6　　　　　　　　　　A、B、C、D 上市公司股价和财务数据表

项目/公司	A 公司	B 公司	C 公司	D 公司
销售收入/万元	80000	161000	310000	300000
账面净资产/万元	100000	196000	400000	360000
净利润/万元	10000	18000	36000	40000
股份总额/万元	20000	30000	40000	50000
每股市价/万元	10	15	20	16

第四章 企业价值评估的收益法

第一节 收益法的基本原理

一、收益法的基本含义

收益法,是指通过估测被评估资产未来预期收益的现值,来判断资产价值的各种评估方法的总称。企业价值评估中的收益法,是指将预期收益资本化或者折现,确定评估对象价值的评估方法。收益法常用的具体方法包括股利折现法和现金流量折现法。股利折现法是将预期股利进行折现以确定评估对象价值的具体方法,通常适用于缺乏控制权的股东部分权益价值的评估。现金流量折现法通常包括企业自由现金流折现模型和股权自由现金流折现模型。它服从资产评估中将利求本的思路,即采用资本化和折现的途径及其方法来判断和估算资产价值。用数学式概括为

$$P = \sum_{i=1}^{n} \frac{R_i}{(1+r)^i} \tag{4-1}$$

该评估技术思路认为,任何一个理智的投资者在购置或投资于某一资产时,所愿意支付或投资的货币数额不会高于所购置或投资的资产在未来能给其带来的回报,即收益额。收益法利用投资回报和收益折现等技术手段,把评估对象的预期产出能力和获利能力作为评估标尺来估测评估对象的价值。根据评估对象的预期收益来评估其价值,容易被资产业务各方所接受。所以,从理论上讲,收益法是资产评估中较为科学合理的评估方法之一。当然,运用收益法评估尚需要满足一些基本条件。

二、收益法的基本前提

收益法是依据资产未来预期收益经折现或本金化处理来估测资产价值的,它涉及3个基本要素:①被评估资产的预期收益;②折现率或资本化率;③被评估资产取得预期收益的持续时间。因此,能否清晰地把握上述3要素就成为能否运用收益法的基本前提。从这个意义上来讲,应用收益法必须具备以下前提条件。

(1) 被评估资产的未来预期收益可以预测并可以用货币来衡量。

(2) 资产拥有者获得预期收益所承担的风险也可以预测并可以用货币来衡量。

(3) 被评估资产预期获利年限可以预测。

上述前提条件表明,首先,评估对象的预期收益必须能被较为合理地估测。这就要求被评估资产与其经营收益之间存在着较为稳定的比例关系。同时,影响资产预期收益的主要因素,包括主观因素和客观因素也应是比较明确的,评估人员可以据此分析和测算出被评估资产的预期收益。其次,被评估对象所具有的行业风险、地区风险及企业风险是可以比较和测算的,这是测算折现率或资本化率的基本参数之一。评估对象所处的行业不同、地区不同和企业差别都会不同程度地体现在资产拥有者的获利风险上。对于投资者来说,

风险大的投资,要求的回报率就高;投资风险小,其回报率也可以相应降低。最后,评估对象获利期限的长短,即评估对象的寿命,也是影响其价值和评估值的重要因素之一。

三、收益法的基本程序和基本参数

采用收益法进行评估,其基本程序如下:

(1) 收集并验证与评估对象未来预期收益有关的数据资料,包括经营前景、财务状况、市场形势以及经营风险等。

(2) 分析测算被评估对象的未来预期收益。

(3) 确定折现率或资本化率。

(4) 用折现率或资本化率将评估对象的未来预期收益折算成现值。

(5) 分析确定评估结果。

运用收益法进行评估涉及许多经济技术参数,其中最主要的参数有3个,它们是收益额、折现率和收益期限。

(一) 收益额

收益额是适用收益法评估资产价值的基本参数之一。在资产评估中,资产的收益额是指根据投资回报的原理,资产在正常情况下所能得到的归其产权主体的所得额。资产评估中的收益额有两个比较明确的特点:①收益额是资产未来预期收益额,而不是资产的历史收益额或现实收益额;②用于资产评估的收益额通常是资产的客观收益,而不一定是资产的实际收益。收益额的上述两个特点是非常重要的,评估人员在执业过程中应切实注意收益额的特点,以便合理运用收益法来估测资产的价值。因资产种类较多,不同种类资产的收益额表现形式亦不完全相同,如企业的收益额通常表现为净利润或净现金流量,而房地产则通常表现为纯收益等。关于收益额预测将在单项资产的具体情况中分别介绍。

(二) 折现率

从本质上讲,折现率是一种期望投资报酬率,是投资者在投资风险一定的情况下,对投资所期望的回报率。折现率就其构成而言,它是由无风险报酬率和风险报酬率组成的。无风险报酬率,也称安全利率,是指没有投资限制和障碍,任何投资者都可以投资并能够获得的投资报酬率。在具体实践中,无风险报酬率可以参照同期国库券利率或银行利率。风险报酬率是对风险投资的一种补偿,在数量上是指超过无风险报酬率之上的那部分投资回报率。在资产评估中,因资产的行业分布、种类、市场条件等的不同,其折现率亦不相同。资本化率与折现率在本质上是相同的。习惯上人们把将未来有限期预期收益折算成现值的比率称为折现率,而把将未来永续性预期收益折算成现值的比率称为资本化率。至于折现率与资本化率在量上是否相等,主要取决于同一资产在未来长短不同的时期所面临的风险是否相同。确定折现率,首先应该明确折现的内涵。折现作为一个时间优先的概念,认为将来的收益或利益低于现在的同样收益或利益,并且,随着收益时间向将来推迟的程度而有序地降低价值。同时,折现作为一个算术过程,是把一个特定比率应用于预期的收益,从而得出当前的价值。

(三) 收益期限

收益期限,是指资产具有获利能力持续的时间,通常以年为时间单位。它由评估人员根据被评估资产自身效能及相关条件,以及有关法律、法规、契约、合同等加以测定。

四、收益法中的主要技术方法

收益法实际上是在预期收益还原思路下若干具体方法的集合。收益法中的具体方法可以分为若干类：①按评估对象未来预期收益有无限期，可分为有限期和无限期的评估方法；②按评估对象预期收益额，又可分为等额收益评估方法、非等额收益评估方法等。为了便于学习收益法中的具体方法，先对这些具体方法中所用的字符含义作统一的定义：

P——评估值；

i——年序号；

P_n——未来第 n 年的预计变现值；

R_i——未来第 i 年的预期收益；

r——折现率或资本化率；

n——收益年期；

t——收益年期；

A——年金。

（一）纯收益不变

（1）在收益永续、各因素不变的条件下，有以下计算公式：

$$P = A/r \qquad (4-2)$$

其成立条件是：①纯收益每年不变；②资本化率固定且大于零；③收益年期无限。

（2）在收益年期有限，资本化率大于零的条件下，有以下计算公式：

$$P = \frac{A}{r}\left[1 - \frac{1}{(1+r)^n}\right] \qquad (4-3)$$

这是一个在估价实务中经常运用的计算公式，其成立条件是：①纯收益每年不变；②资本化率固定且大于零；③收益年期有限为 n。

（3）在收益年期有限，资本化率等于零的条件下，有以下计算公式：

$$P = An \qquad (4-4)$$

其成立条件是：①纯收益每年不变；②收益年期有限为 n；③资本化率为零。

（二）纯收益在若干年后保持不变

（1）无限年期收益。其基本公式为

$$P = \sum_{i=1}^{n} \frac{R_i}{(1+r)^i} + \frac{A}{r(1+r)^n} \qquad (4-5)$$

其成立条件是：①纯收益在 n 年（含第 n 年）以前有变化；②纯收益在 n 年（不含第 n 年）以后保持不变；③收益年期无限；④ r 大于零。

（2）有限年期收益。其计算公式为

$$P = \sum_{i=1}^{t} \frac{R_i}{(1+r)^i} + \frac{A}{r(1+r)^t}\left[1 - \frac{1}{(1+r)^{n-t}}\right] \qquad (4-6)$$

其成立条件是：①纯收益在 t 年（含第 t 年）以前有变化；②纯收益在 t 年（不含第 t 年）以后保持不变；③收益年期有限为 n；④ r 大于零。

这里要注意的是，纯收益 A 的收益年期是 $(n-t)$ 而不是 n。

（三）纯收益按等差级数变化

（1）在纯收益按等差级数递增，收益年期无限的条件下，有以下计算公式：

第一节 收益法的基本原理

$$P = \frac{A}{r} + \frac{B}{r^2} \qquad (4-7)$$

其成立条件是：①纯收益按等差级数递增；②纯收益逐年递增额为 B；③收益年期无限；④r 大于零。

（2）在纯收益按等差级数递增，收益年期有限的条件下，有以下计算公式：

$$P = \left(\frac{A}{r} + \frac{B}{r^2}\right)\left[1 - \frac{1}{(1+r)^n}\right] - \frac{B}{r} \frac{n}{(1+r)^n} \qquad (4-8)$$

其成立条件是：①纯收益按等差级数递增；②纯收益逐年递增额为 B；③收益年期有限为 n；④r 大于零。

（3）在纯收益按等差级数递减，收益年期无限的条件下，有以下计算公式：

$$P = \frac{A}{r} - \frac{B}{r^2} \qquad (4-9)$$

其成立条件是：①纯收益按等差级数递减；②纯收益逐年递减额为 B；③收益年期无限；④r 大于零；⑤收益递减到零为止（该数学计算公式是成立的，但完全套用于资产评估是不合适的，因为资产产权主体会根据替代原则，在资产收益递减为零之前停止使用该资产或变现资产，不会无限制地永续使用下去）。

（4）在纯收益按等差级数递减，收益年期有限的条件下，有以下计算公式：

$$P = \left(\frac{A}{r} - \frac{B}{r^2}\right)\left[1 - \frac{1}{(1+r)^n}\right] + \frac{B}{r} \frac{n}{(1+r)^n} \qquad (4-10)$$

其成立条件是：①纯收益按等差级数递减；②纯收益逐年递减额为 B；③收益年期有限为 n；④r 大于零。

（四）纯收益按等比级数变化

（1）在纯收益按等比级数递增，收益年期无限的条件下，有以下计算公式：

$$P = \frac{A}{r - s} \qquad (4-11)$$

其成立条件是：①纯收益按等比级数递增；②纯收益逐年递增比率为 s；③收益年期无限；④r 大于零；⑤$r > s > 0$。

（2）在纯收益按等比级数递增，收益年期有限的条件下，有以下计算公式：

$$P = \frac{A}{r - s}\left[1 - \left(\frac{1+s}{1+r}\right)^n\right] \qquad (4-12)$$

其成立条件是：①纯收益按等比级数递增；②纯收益逐年递增比率为 s；③收益年期有限；④r 大于零；⑤$r > s > 0$。

（3）在纯收益按等比级数递减，收益年期无限的条件下，有以下计算公式：

$$P = \frac{A}{r + s} \qquad (4-13)$$

其成立条件是：①纯收益按等比级数递减；②纯收益逐年递减比率为 s；③收益年期无限；④r 大于零；⑤$r > s > 0$。

（4）在纯收益按等比级数递减，收益年期有限的条件下，有以下计算公式：

$$P = \frac{A}{r + s}\left[1 - \left(\frac{1-s}{1+r}\right)^n\right] \qquad (4-14)$$

其成立条件是：①纯收益按等比级数递减；②纯收益逐年递减比率为 s；③收益年期有限为 n；④r 大于零；（5）$0<s\leqslant 1$。

（五）已知未来若干年后资产价格

已知未来若干年后资产价格评估可采用以下公式：

$$P = \frac{A}{r}\left[1 - \frac{1}{(1+r)^n}\right] + \frac{P_n}{(1+r)^n} \quad (4-15)$$

其成立条件是：①纯收益在第 n 年（含几年）前保持不变，②预知第 n 年的价格为 P_n；③r 大于零。

（六）应用举例

【例 4-1】 某企业尚能继续经营，3 年的营业收益全部用于抵充负债，现评估其 3 年经营收益的折现额。经预测得出 3 年内各年预期收益的数据见表 4-1。

表 4-1　　　　　　某企业未来 3 年的预期收益

	收益额/万元	折现率	折现系数	收益折现值/万元
第 1 年	300	6%	0.9434	283
第 2 年	400	6%	0.8900	356
第 3 年	200	6%	0.8369	167.9

由此可以确定其折现额为

资产评估价值＝283＋356＋167.9＝806.9（万元）

【例 4-2】 某收益性资产预计未来 5 年的收益额分别是 12 万元、15 万元、13 万元、11 万元和 14 万元。假定从第 6 年开始，以后各年收益均为 14 万元，确定的折现率和资本化率均为 10%。确定该收益性资产在持续经营下和 50 年收益的评估值。

（1）永续经营条件下的评估过程。

1）确定未来 5 年收益额的现值。

现值总额＝$12\times(P/F,10\%,1) + 15\times(P/F,10\%,2) + 13\times(P/F,10\%,3) +$
　　　　　$11\times(P/F,10\%,4) + 14\times(P/F,10\%,5)$
　　　　＝$12\times 0.9091 + 15\times 0.8264 + 13\times 0.7513 + 11\times 0.6830 + 14\times 0.6209$
　　　　＝49.2777（万元）

计算中的现值系数，可从复利现值表中查得。

2）将第 6 年以后的收益进行资本化处理，即

14/10%＝140（万元）

3）确定该企业评估值。

企业评估价值＝$49.2777 + 140\times(P/F,10\%,5) = 49.2777 + 140\times 0.6209$
　　　　　　＝136.20（万元）

（2）50 年的收益价值评估过程。

评估价值＝$12\times(P/F,10\%,1) + 15\times(P/F,10\%,2) + 13\times(P/F,10\%,3) +$
　　　　　$11\times(P/F,10\%,4) + 14\times(P/F,10\%,5) + 14\times(P/A,$
　　　　　$10\%,45)(P/F,10\%,5)$

$$=49.2777+85.7351$$
$$=135.01（万元）$$

第二节 收益法在企业价值评估中的应用

一、收益法评估企业价值的核心问题

在运用收益法对企业价值进行评估时，一个必要的前提是判断企业是否具有持续的盈利能力。只有当企业具有持续的盈利能力时，运用收益法对企业进行价值评估才具有意义。运用收益法对企业进行价值评估，关键在于对以下3个问题的解决：

（1）要对企业的收益予以界定。企业的收益能以多种形式出现，包括净利润、净现金流量（股权自由现金流量）、息前净现金流量（企业自由现金流量）等。选择以何种形式的收益作为收益法中的企业收益，在一定程度上会直接或间接地影响评估人员对企业价值的最终判断。

（2）要对企业的收益进行合理的预测。要求评估人员对企业的将来收益进行精确预测，是不可能的。但是，由于企业收益的预测直接影响对企业盈利能力的判断，是决定企业最终评估值的关键因素，所以，在评估中应全面考虑影响企业盈利能力的因素，客观、公正地对企业的收益作出合理的预测。在企业价值评估实务中，企业收益通常采用期望收益率或期望收益额。

（3）在对企业的收益作出合理的预测后，要选择合适的折现率。合适的折现率的选择直接关系到对企业取得未来收益面临的风险的判断。由于不确定性的客观存在，对企业取得未来收益的风险进行判断至关重要。能否对企业取得未来收益的风险作出恰当的判断，从而选择合适的折现率，对企业的最终评估值具有较大影响。

二、收益法的具体评估技术思路

（一）企业永续经营假设前提下的收益法

（1）年金法。年金法是评价企业价值的一种具体技术方法，适用于未来预期收益相对稳定、所在行业发展相对稳定的企业价值评估。

年金法的计算公式为

$$P=A/r \qquad (4-16)$$

式中 P——企业评估价值；

A——企业每年的年金收益；

r——折现率及资本化率。

由于企业预期收益并不能表现为年金形式，评估人员如果要运用年金法评估企业价值，还需要对被评估企业的预期收益进行综合分析，确定被评估企业的预期年金收益。将企业未来若干年的预期收益进行年金化处理而得到企业年金是若干种分析测算企业年金收益方法中的一种。如果采用将企业未来若干年的预期收益进行年金化处理而得到企业年金的方法，年金法的数学概括式又可以写成

$$P=\sum_{i=1}^{n}[R_i(1+r)^{-n}]/\left\{\sum_{i=1}^{n}[(1+r)^{-n}]r\right\} \qquad (4-17)$$

式中 $\sum_{i=1}^{n}[R_i(1+r)^{-n}]$——企业前 n 年预期收益折现值之和；

$\sum_{i=1}^{n}[(1+r)^{-n}]$——年金现值系数；

r——折现率及资本化率。

用于企业价值评估的年金法，是将已处于均衡状态，其未来收益具有充分的稳定性和可预测性的企业未来若干年的预期收益进行年金化处理，然后再把已年金化的企业预期收益进行收益资本化，估测企业的价值。将企业相对稳定的、可预测的未来若干年预期收益进行年金化处理，仅仅是评估人员分析判断企业未来预期收益的一种方式。如果评估人员认为通过将企业未来若干年的预期收益进行年金化处理而得到的这个企业年金，足以反映出被评估企业未来预期收益能力和水平，这个企业年金就可以作为评价企业价值的收益额。如果评估人员并不能确信通过年金化处理而得到的这个企业年金可以反映出被评估企业未来预期收益能力和水平，这个企业年金就不可以直接作为企业价值评估的收益额，而需要通过其他方法估测适合于被评估企业的收益额。

【例 4-3】 待估企业预计未来 5 年的预期收益额为 100 万元、120 万元、110 万元、130 万元和 120 万元，假定企业永续经营，不改变经营方向、经营模式和管理模式，折现率及资本化率均为 10%，运用年金法估测该企业的持续经营价值。具体过程如下：

$P = [100 \times (P/F, 10\%, 1) + 120 \times (P/F, 10\%, 2) + 110 \times (P/F, 10\%, 3) +$
$\quad 130 \times (P/F, 10\%, 4) + 120 \times (P/F, 10\%, 5)] / [(0.9091 + 0.8264 +$
$\quad 0.7513 + 0.6830 + 0.6209) \times 10\%]$
$= (100 \times 0.9091 + 120 \times 0.8264 + 110 \times 0.7513 + 130 \times 0.6830 + 120 \times 0.6209) /$
$\quad [(0.9091 + 0.8264 + 0.7513 + 0.6830 + 0.6209) \times 10\%]$
$= (91 + 99 + 83 + 89 + 75) / (3.7907 \times 10\%)$
$= 437 / (3.7907 / 10\%)$
$= 1153 （万元）$

（2）分段法。分段法是将永续经营的企业的收益预测分为前后两段。将企业的收益预测分为前后两段的理由在于：在企业发展的某一个期间，企业的生产经营可能处于不稳定状态，因此企业的收益也是不稳定的，而在这个不稳定期间之后，企业的生产经营可能会达到某种均衡状态，其收益是稳定的或按某种规律进行变化。对于不稳定阶段企业的预期收益采取逐年预测，并折现累加的方法。而对于稳定阶段的企业收益，则可以根据企业预期收益稳定程度，按企业年金收益，或按企业的收益变化规律所对应的企业预期收益形式进行折现和资本化处理。将企业前后两段收益现值加在一起便构成企业的评估价值。

假设以企业评估基准日后第二段收益取得了年金收益形式（企业评估基准日后第一段收益期最后一年的收益），分段法的数学概括式可写成

$$P = \sum_{i=1}^{n}[R_i(1+r)^{-i}] + \frac{R_n}{r}(1+r)^{-n} \qquad (4-18)$$

假设从 $(n+1)$ 年起的后段，企业预期年收益将按一固定比率（g）增长，则分段法的数学概括式可写成

第二节 收益法在企业价值评估中的应用

$$P = \sum_{i=1}^{n}[R_i(1+r)^{-i}] + \frac{R_n(1+g)}{r-g}(1+r)^{-n} \tag{4-19}$$

【例 4-4】 待估企业预计未来 5 年的预期收益额为 100 万元、120 万元、150 万元、160 万元和 200 万元，并根据企业的实际情况推断，从第 6 年开始，企业的年收益额将维持在 200 万元水平上，假定资本化率为 10%，使用分段法估测企业的价值。

$P = 100 \times (P/F, 10\%, 1) + 120 \times (P/F, 10\%, 2) + 150 \times (P/F, 10\%, 3) + 160 \times (P/F, 10\%, 4) + 200 \times (P/F, 10\%, 5) + 200/10\% \times (P/F, 10\%, 5)$

$= 100 \times 0.9091 + 120 \times 0.8264 + 150 \times 0.7513 + 160 \times 0.683 + 200 \times 0.6209 + 200/10\% \times 0.6209$

$= 536 + 2000 \times 0.6209 = 1778$（万元）

根据［例 4-4］资料，假如评估人员根据企业的实际情况推断，企业从第 6 年起，收益额将在第 5 年的水平上以 2% 的增长率保持增长，其他条件不变，试估测待估企业的价值。

$P = 100 \times (P/F, 10\%, 1) + 120 \times (P/F, 10\%, 2) + 150 \times (P/F, 10\%, 3) + 160 \times (P/F, 10\%, 4) + 200 \times (P/F, 10\%, 5) + 200 \times (1+2\%)/(10\%-2\%) \times (P/F, 10\%, 5)$

$= 100 \times 0.9091 + 120 \times 0.8264 + 150 \times 0.7513 + 160 \times 0.683 + 200 \times 0.6209 + 200 \times (1+2\%)/(10\%-2\%) \times 0.6209$

$= 536 + 204/8\% \times 0.6209$

$= 536 + 2550 \times 0.6209 = 2119$（万元）

（二）企业有限持续经营假设前提下的收益法

（1）关于企业有限持续经营假设的适用。对企业而言，它的价值在于其所具有的持续盈利能力。一般而言，对企业价值的评估应该在持续经营前提下进行。只有在特殊的情况下，才能在有限持续经营假设前提下对企业价值进行评估。如企业章程已对企业经营期限作出规定，而企业的所有者无意逾期继续经营企业，则可在该假设前提下对企业进行价值评估。评估人员在运用该假设对企业价值进行评估时，应对企业能否适用该假设作出合理判断。

（2）企业有限持续经营假设是从最有利于回收企业投资的角度，争取在不追加资本性投资的前提下，充分利用企业现有的资源，最大限度地获取投资收益，直至企业无法持续经营为止。

（3）对于有限持续经营假设前提下企业价值评估的收益法，其评估思路与分段法类似。首先，将企业在可预期的经营期限内的收益加以估测并折现；其次，将企业在经营期限后的残余资产的价值加以估测及折现；而后，将两者相加。其数学表达式为

$$P = \sum_{i=1}^{n}[R_i(1+r)^{-i}] + P_n(1+r)^{-n} \tag{4-20}$$

式中 P_n——第 n 年时企业资产的变现值；

其他符号含义同前。

在企业价值评估中应用收益法的具体技术思路和方法还有许多，评估人员可以参考本教材关于评估途径和方法的有关章节的内容，在遵循收益法基本原理的基础上，依据被评

估企业的具体情况设计具体的评估技术思路和方法,这里不作过多的介绍。

(三)以现金流量为基础的价值评估

1. 以现金流量为基础的价值评估意义

一般财务理论认为,企业价值应该与企业未来资本收益现值相等。企业未来资本收益可用股利、净利润、息税前利润和净现金流量等表示。不同的表示方法,反映的企业价值内涵是不同的。利用净现金流量作为资本收益进行折现,被认为是较理想的价值评估方法。因为净现金流量与以会计为基础计算的股利及利润指标相比,更能全面、精确反映所有价值因素。下面以表4-2和表4-3为例加以说明。

表4-2　　　　　长江公司与黄河公司预计净收益　　　　　单位:万元

长江公司	年度1	年度2	年度3	年度4	年度5	年度6
销售额	1000	1050	1100	1200	1300	1450
现金支出	700	745	790	880	970	1105
折旧	200	200	200	200	200	200
净收益	100	105	110	120	130	145
黄河公司	年度1	年度2	年度3	年度4	年度5	年度6
销售额	1000	1050	1100	1200	1300	1450
现金支出	700	745	790	880	970	1105
折旧	200	200	200	200	200	200
净收益	100	105	110	120	130	145

表4-3　　　　　长江公司与黄河公司预计净现金流量　　　　　单位:万元

长江公司	年度1	年度2	年度3	年度4	年度5	年度6	累计
净利润	100	105	110	120	130	145	710
折旧	200	200	200	200	200	200	1200
资本支出	600	0	0	600	0	0	1200
应收款增加	250	13	13	35	45	23	219
净现金流量	550	292	297	245	375	22	491
黄河公司	年度1	年度2	年度3	年度4	年度5	年度6	累计
净利润	100	105	110	120	130	145	710
折旧	200	200	200	200	200	200	1200
资本支出	200	200	200	200	200	200	1200
应收款增加	150	8	8	15	15	23	219
净现金流量	50	97	102	105	115	122	491

从表4-2可看出,两个公司各年度无论是销售额还是净利润都完全相等。如果以此资料为基础评估企业股东价值,可得出两个公司股东价值完全相同的结论。但从表4-3可看出,虽然两个公司各年度利润和销售额完全相等,累计资本支出和应收款增加额也相同,但其各年度现金净流量及变动趋势却不同。因此,以现金净流量折现法评估的两个公

司股东价值就可能不同。显然，以现金净流量为基础的评估方法更科学，它考虑了资本支出时间不同对资本收益的影响。

2. 以现金流量为基础的价值评估方式

以现金流量为基础的价值评估的基本思路是"现值"规律，任何资产的价值等于其预期未来全部现金流量的现值总和。现金流量贴现法具体又分为两种：①仅对公司股东资本价值进行估价；②对公司全部资本价值进行估价。

如果将企业未来现金流量定义为企业所有者的现金流量，则现金流量的现值实际上反映的是企业股东价值。将企业股东价值加上企业债务价值，可得到企业价值。如果将企业未来现金流量定义为企业所有资本提供者（包括所有者和债权者）的现金流量，则现金流量现值反映的是企业价值。从企业价值中减去债务价值才能得到企业股东价值。因此，资本经营价值评估，既可评估企业价值，也可评估股东价值。由于资本经营的根本目标是股东资本增值，所以资本经营价值评估通常是评估股东价值。但是为了全面说明股东价值来源或创造，通常是在评估企业价值的基础上，减去债务价值，得到股东价值。

企业价值、债务价值及股东价值的关系及其评估可通过图4-1体现。

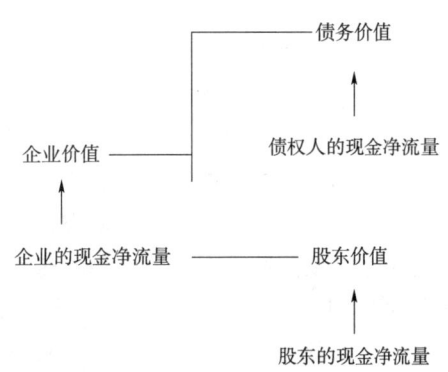

图4-1 企业价值、债务价值及股东价值的关系及其评估

3. 以现金流量折现为基础的价值评估

其基本程序和公式为

$$企业经营价值＝明确预测期现金净流量现值＋明确预测期后现金净流量现值 \quad (4-21)$$

$$企业价值＝企业经营价值＋非经营投资价值 \quad (4-22)$$

$$股东价值＝企业价值－债务价值 \quad (4-23)$$

【例4-5】 以现金流量为基础的价值评估。

下面以AAA公司为例，通过表4-4来说明企业价值与股东价值评估方法。

表4-4 企业价值评估表

年份	企业经营现金净流量/万元	折现系数（折现率10%）	企业经营现金净流量现值/万元
2006	160	0.909	145.44
2007	190	0.826	156.94
2008	220	0.751	165.22
2009	250	0.683	170.75
2010	280	0.621	173.88
2011	310	0.565	175.15
2012	340	0.513	174.42
2013	370	0.467	172.79

续表

年份	企业经营现金净流量/万元	折现系数（折现率10%）	企业经营现金净流量现值/万元
2014	400	0.426	169.60
2015	430	0.386	165.98
连续价值	6604	0.386	2549.14
经营价值			4219.31
非经营投资价值			200.00
企业价值			4419.31
债务价值（减）			890.31
股东价值			3529.00

4. 有明确预测期的现金净流量现值估算

确定有明确预测期的现金净流量现值是企业价值评估的最重要内容。要正确预测其现金净流量现值，需要按以下步骤进行。

(1) 确定预测期。本部分研究的是有明确预测期现金流量现值确定问题。所谓有明确预测期是指预测期是有限的，而不是无限的。从预测的准确性、必要性角度考虑，通常预测期为5~10年。

(2) 预测经营现金净流量。经营现金净流量是相对非经营投资而言的，它是指可提供给企业所有者和债权人的经营现金流量总额。经营现金净流量的计算有两种基本方法：

$$现金净流量＝息前税后利润－净投资 \quad (4-24)$$

其中：
$$息前税后利润＝净利润＋利息$$
$$净投资＝总投资－折旧$$

式中的总投资是指企业新的资本投资总额，包括资本支出，流动资本支出，流动资产及其他资产投资。折旧包括固定资产折旧和无形资产及递延资产摊销等。

$$现金净流量＝毛现金流量－总投资 \quad (4-25)$$

其中：
$$毛现金流量＝息前税后利润＋折旧$$

进行现金净流量预测，首先应对企业绩效进行分析，将财务分析与产业结构分析结合在一起，并对公司实力和弱点进行质的评估，同时从信贷角度了解公司的财务状况。

在对企业历史绩效分析之后，便可进行企业未来绩效的预测了。预测绩效的关键是明确影响企业价值或现金净流量的因素，包括时间因素。预测的基本步骤前已论述。在预测各种价值影响因素的基础上，可形成预测利润表、资产负债表以及需要的个别项目，然后将这些详细资料综合起来，用以预测现金净流量等价值驱动因素。

(3) 确定折现率。企业经营现金净流量的折现率的高低，主要取决于企业资本成本的水平。为了与现金流量定义相一致，用于现金净流量折现的折现率应反映所有资本提供者按照各自对企业总资本的相对贡献而加权的资本机会成本，即加权平均的资本成本。由于个别资本成本的高低取决于投资者从其他同等风险中可望得到的报酬率，因此，折现率的高低必须能准确反映现金净流量的风险程度。只有折现率准确反映现金净流量的风险，价值评估结果才能准确。否则，不正确的折现率将使价值评估结果偏高或偏低。加权平均资

本成本的计算公式为

$$\text{加权平均资本成本} = \text{平均股权资本成本} \times \text{股权资本构成} + \text{平均负债资本成本} \times \text{负债资本构成} \tag{4-26}$$

可见进行加权平均资本成本估算,一要确定资本结构或资本成本加权权数;二要估算股权资本成本;三要估算负债资本成本。

确定进行价值评估的公司的目标资本结构,建议综合采用3种方法:①尽量估算以现实市场价值为基础的公司资本结构;②考虑可比公司的资本结构;③考虑管理层筹资方针及其对目标资本结构的影响。

关于平均股权资本成本和平均负债资本成本的估算方法可在个别股权资本成本和个别负债资本成本估算的基础上采用加权平均方法进行。

(4) 估算现金净流量现值。

$$\text{经营现金净流量现值} = \sum_{t=1}^{n} \frac{\text{经营现金净流量}_t}{(1+\text{折现率})^t} \tag{4-27}$$

应当注意,使用现金流量折现法的关键是保持现金流量与贴现率的匹配,用加权平均资本成本贴现股权现金流量会导致股权价值偏高;如果使用股本成本贴现公司现金流量,又会低估公司价值。如果被估价的资产当前的现金流量为正,并且可以比较可靠地估计未来现金流量的发生时间,同时根据现金流量的风险特征又能够确定恰当的贴现率,那么就适合采用现金流量贴现法。但是在现实生活中,陷入财务拮据状态的公司,收益周期性的公司,拥有未被利用资产的公司,有专利权威产品选择权的公司等,现金流量的预测和贴现率的确定存在一定困难。

5. 明确预测期后现金净流量现值估算

有明确预测期以后公司预期现金流量现值估算亦称连续价值估算。使用连续价值公式便不再需要详细预测延长期公司的现金流量。用现金流量折现法进行连续价值估算,可供选择的方法有长期明确预测法、现金净流量恒值增长公式法和价值驱动因素公式法。第一种方法实质与有明确预测期的现金流量现值估算方法相同,只是预测期加长 (75年或更长)。这种方法不但麻烦,而且也无必要。通常选择后两种方法。

(1) 现金净流量恒值增长公式法。其估算公式为

$$\text{连续价值} = \frac{\text{明确预测期后第一年现金净流量正常水平}}{\text{加权平均资本成本} - \text{现金净流量预期增长率恒值}} \tag{4-28}$$

使用这一公式应当注意:①这一公式假定企业现金净流量在连续价值期间内的增长率不变;②现金净流量预期增长率恒值应小于加权平均资本成本;③必须正确估算预测期后第一年的现金净流量正常水平,使之与预测增长率相一致。

(2) 价值驱动因素公式法。其估算公式为

$$\text{连续价值} = \frac{\text{明确预测期后第一年息前税后利润正常水平} \times \left(1 - \dfrac{\text{息前税后利润预期增长率恒值}}{\text{新投资净额的预期回报率}}\right)}{\text{加权平均资本成本} - \text{息前税后利润预期增长率恒值}} \tag{4-29}$$

在特定情况下,采用这两种方法计算的连续价值结果是相同的。如某企业有明确预测

期后第一年现金净流量正常水平为330万元,息前税后利息正常水平为660万元,以后每年的增长率均为6%,新投资净额的预期回报率为12%,该企业加权平均资本成本为11%,则采用式(4-28)计算的连续价值为

$$连续价值 = \frac{330}{11\% - 6\%} = 6600(万元)$$

采用式(4-29)计算的连续价值为

$$连续价值 = \frac{660 \times (1 - 6\%/12\%)}{11\% - 6\%} = 6600(万元)$$

应当注意,此时的连续价值是指明确预测期以后现金流量折现到明确预测期最后一年的现值。而构成企业经营价值的有明确预测期后现金流量现值应在此基础上进一步折现为明确预测期初的现值。如果其他条件与表4-4资料相同,则

$$连续价值现值 = 6600 \times 0.386 = 2548(万元)$$

可见,无论采用何种方法,都涉及确定预测期、估计明确预测期后现金流量或利润水平及其增长率、加权平均资本成本估算及折现3个问题。

预测期的选择,取决于有明确预测期现金流量折现法时选择的期限。应当指出,虽然选择明确预测期十分重要,但它并不影响公司价值,只关系到明确有预测期与以后年份公司的价值如何分配。

息前税后利润、现金净流量、新投资净额预期回报率、息前税后利润和现金净流量的增长率的确定,是涉及企业价值评估的重要参数,应结合各自特点,采取相应方法进行预测。

加权平均资本成本是进行连续价值折现的基础,资本成本确定可参照前述方法进行。

6. 非经营投资价值和债务价值

企业价值是经营价值与非经营投资价值之和。前面两个问题研究了在现金流量折现法下经营价值的确定。非经营投资价值的确定,也可通过非经营现金流量折现进行。运用现金流量法进行企业价值评估,一要明确企业价值包括非经营投资价值;二要注意正确划分经营现金流量与非经营现金流量。由于非经营投资的特殊性,也可不采用现金流量折现进行估价,而直接用非经营投资额代表非经营投资价值。

为了计算企业股东价值或股本价值,可在企业价值评估基础上减去债务价值。债务价值等于对债务人现金净流量的折现。因此,要评估债务价值,一要确定债权人的现金净流量;二要确定债权人有资本成本或折现率。应当注意,只有在价值评估当日尚未偿还的公司债务才需要估算价值,对于未来借款可以假设其净现值为零,因为这些借款得到的现金流入与未来偿付的现值完全相等。

(四) 以经济利润为基础的价值评估

1. 以经济利润为基础的价值评估特点与优点

以经济利润为基础的价值评估认为,公司价值等于投资资本额加上相当于未来每年创造超额收益现值,即

$$企业价值 = 投资资本 + 预计创造超额收益现值 \qquad (4-30)$$

而企业未来每年创造超额收益,实质上反映了企业未来的非正常收益或超额利润。在经济学中通常将这种非正常收益定义为经济利润,而后来人们在以价值为基础的管理中又

将其定义为附加经济价值（或 EVA）。

$$经济利润或附加经济价值 = 息前税后利润 - 资本费用 \qquad (4-31)$$

以经济利润为基础的评估方法优于现金流量贴现法之处在于，经济利润可以了解公司在单一时期内所创造的价值。经济利润等于投资资本回报率与资本成本之差乘以投资成本，因此经济利润将价值驱动因素、投资资本回报率和增长率转化为一个数字（增长率最终关系到投资资本数额或公司规模）。计算经济利润的另一途径是用息前税后利润减去资本费用，这里的资本费用是指全部资本成本，不仅仅是债务利息。经济利润的方法说明公司价值是投资资本和预计经济利润的现值之和。只有当公司利润多于或少于加权平均的资本成本时，公司价值才多于或少于其投资成本。它与现金流量法的区别就是折现的是预计的经济利润而不是现金流量。

2. 以经济利润为基础的价值评估方法

（1）经济利润或 EVA 预测。

1）经济利润或 EVA 一般计算公式。前面谈到，经济利润或 EVA 实质上是一种超额利润，根据其内涵，经济利润或 EVA 可用下式计算：

$$经济利润 = 息前税后利润 - 资本费用$$

或　　　　$$经济利润 = 息前税后利润 - (投资资本 \times 加权平均资本成本)$$

或　　　　$$经济利润 = 投资资本 \times (投资资本回报率 - 加权平均资本成本) \qquad (4-32)$$

上述计算是站在企业角度，考虑全投资资本所计算的经济利润。如果站在企业所有者角度考虑，经济利润或超额利润是归属企业所有者的，则经济利润可用下式计算：

$$经济利润 = 税后利润 - 股权资本费用$$

或　　　　$$经济利润 = 税后利润 - (所有者权益 \times 股权资本成本)$$

或　　　　$$经济利润 = 所有者权益 \times (净资产收益率 - 股权资本成本) \qquad (4-33)$$

以经济利润为基础的价值评估方法的关键在于经济利润预测。如果有明确预测期较长，预测经济利润可直接运用上述公式，逐年预测。如果考虑有明确预测的经济利润和明确预测期以后经济利润预测两个阶段，则前者可逐年采用上述公式测算，后者可采用简化公式确定明确预测期后经济利润现值总额。确定方法可参照式（4-28），只不过将公式的现金流量改为经济利润，即

$$连续价值 = \frac{明确预测期后第一年经济利润正常水平}{加权平均资本成本 - 经济利润预期增长率恒值} \qquad (4-34)$$

2）对 EVA 计算的探讨。前面谈到，经济利润其本质与国外流行的 EVA 相同或相似。EVA 是英文 Economic Value Added 的缩写，其中文含义，有人译为附加经济价值，有人译为资本所增加的经济价值或收益，也有人将其译为附加经济价值规则或 EVA 规则，等等。无论如何翻译，它实质上反映企业价值的增加或资本增值。但是，应当注意，在一些翻译文献中，有的将 EVA 的计算公式写作

$$EVA = 扣除调整税的净营业利润或税后利润 - 资本费用 \qquad (4-35)$$

其中：　　　　$$扣除调整税的净营业利润 = 营业利润 - 所得税额$$

$$资本费用 = 总资本 \times 平均资本成本$$

上述公式从西方会计学和经济学的角度看是正确的，但是从我国的实际情况看，使用

这个公式应注意以下几个问题：

a. 上式扣除调整税的净营业利润是指营业利润减去所得税后的余额；而我国现行制度中的税后利润则是指利润总额减去应交所得税费用后的余额。

b. 上式中的营业利润是指息税前利润，即营业利润中包括利息费用在内，而我国现行制度中的营业利润却不包括利息费用在内，利润总额中也不含利息。因此，扣除调整税的净营业利润实际上是息前税后利润。

c. 上式中的总资本是西方经济学中的资本含义，相当于我们通常所说的总资产，而不是会计平衡公式（资产＝负债＋资本）中的资本含义。

d. 上式中的平均资本成本是以股本成本和负债成本为基数以资本构成率和负债构成率为权数的一个加权平均数，正确确定股本成本及负债成本是计算平均资本成本的关键。

但是，从目前一些介绍和应用 EVA 的文章看，往往忽视了这些问题，出现了一些不应有的误解和错误。如有人直接将经济附加价值的公式写成

$$附加经济价值（EVA）＝税后利润－股本成本－借贷成本$$

由于我国税后利润中已经不包括利息，再减借贷成本显然是重复计算了。经济利润或 EVA 在我国应取用如式（4－32）和式（4－33）计算。

(2) 经济利润折现。经济利润现值计算的一般公式为

$$经济利润现值 = \sum_{t=1}^{n} \frac{经济利润 t}{(1+折现率)^t} \quad (4-36)$$

应当注意，由于经济利润是一种超额利润，是归企业所有者所有，因此，经济利润现值应反映对股东价值的增值，从这点考虑，折现率应采用股权资本成本，而不应是加权平均资本成本。另外，这一公式主要用于有明确预测期的经济利润折现，对于明确预测期以后经济利润折现，可直接用下列公式：

$$明确预测期后经济利润现值 = \sum_{t=1}^{n} \frac{连续价值}{(1+折现率)^t} \quad (4-37)$$

其中 n 代表有明确预测期的最后一年。

(3) 投资资本确定。企业价值评估中的投资资本是指预测期初的投资资本。由于投资资本于预测期初发生，因此，投资资本本身价值或账面价值与其现值相同，通常可用投资资本的账面价值直接作为以经济利润为基础的价值评估法中企业价值的组成部分。

(4) 企业价值确定。在上述 3 个步骤基础上，运用下式可确定企业价值：

企业价值 ＝ 投资资本 ＋ 明确预测期经济利润现值 ＋ 明确预测期后经济利润现值

$$(4-38)$$

（五）以价格比为基础的价值评估

1. 以价格比为基础的价值评估原理

价格是价值的货币表现。企业价值或股东价值往往可通过企业股票价格来体现。而企业股票价格的高低与企业的收益、销售额和资产账面价值等都直接相关。因此，企业价值可表现为价格比与相关因素的乘积，用公式表示为

$$企业价值＝价格比×相关价格比基数 \quad (4-39)$$

(1) 价格比的形式。最常用的价格比有 3 个，即市盈率或价格与收益比、市场价格与

账面价值比和价格与销售额比。价格与收益比或市盈率的计算公式是为

$$价格与收益比 = \frac{每股市价}{每股收益}$$

在此情况下,企业价值随预期收益的增长变化而成正比例变化。

市场价格与账面价值比即市净率的计算公式为

$$市场价格与账面价值比 = \frac{每股市价}{每股净资产}$$

市价与账面价值比因公司的未来产权收益率、账面价值的增长和风险(决定折现率的差别)的不同而在公司之间有所不同。

价格与销售额比的计算公式为

$$价格与销售额比 = \frac{每股价格}{每股销售额}$$

它可以看作价格与收益比和收益与销售额比的乘积。因此,除了解释价格与收益比变化的因素外,价格与销售额比随着预期利润率的变化而呈正比例变化。

(2) 相关价格比基数。相关价格比基数根据价格比的不同而有所不同。价格比的分母正是相关价格比基数。如价格与收益比的相关价格比基数就是企业的收益;而价格与账面价值比的相关价格比基数,则是企业的账面净资产;价格与销售额比的相关价格比基数是销售额。进行价值评估时,必须保证价格比和相关价格比基数的一致性。

2. 以价格比为基础的价值评估步骤

(1) 选择价格比。在明确价格比主要有价格与收益比、价格与账面价值比、价格与销售额比的基础上,要以此为基础进行价值评估,首要选择适当的价格比。因为对于同一评估对象,选择不同的价格比所评估的结果可能是不同的。选择何种价格比要与被评估企业的基本信息联系起来。这些基本信息主要指与股票价格相关的信息,特别是构成相关价格比基数的信息,如收益信息、账面价值信息、销售额信息等。选择时,第一要考虑相关性程度,通常应选择与股票价格相关程度最强的价格比;第二要考虑相关价格比基数信息的可靠性。例如,如果被评估企业的股票价格与其收益相关度最强,而该企业的收益预测也比较可靠,则选择价格与收益比进行评估将会比较准确、可行。

(2) 选择该价格比的可比或类似公司。在选择价格比的基础上,还应确定可用于评估的价格比的比值。由于价值评估在很大程度上取决于未来几年的运作情况的预测,评估人员可能会对价格比的估算信心不足。一个可以替代的方法是根据"类似"公司的价格比评价公司。利用价格比的主要困难在于确定真正类似的公司。

所谓类似公司是指那些具有最相似的经营和财务特征的公司。同一行业内部的企业是最佳的选择对象。但是,应当注意,并非同行业所有企业都是可比的,不同的企业有不同的特点。在选择类似公司中通常有两种选择方法:①将同行业中所有企业的该价格比进行平均,这种做法是要通过平均数将各企业的非可比因素抵消掉,而被评估企业成为该行业最具代表性的企业;②选择行业中最相似的企业,但什么构成相似性是根据运用的价格比的不同而不同的。

(3) 确定价格比值。在选择可比公司的基础上,价格比的确定可以历史状况为标准,也可以预期未来状况为标准。当以历史的价格比为标准时,其前提是历史数据能准确反映

未来价格比状况。

另外，价格比的确定或计算应保持分子与分母的一致性。例如，价格与收益比的分母应该是每股净收益；价格与销售比的分子，在存在债务情况下，应作如下调整：

$$价格与销售比 = \frac{产权市场价值 + 债务}{销售额} = \frac{(股票价格 \times 股数) + 债务}{销售额}$$

（4）预测价格比基数。所谓价格比基数是指与价格比相对应的相关价比基数，即价格比的分母。要准确进行价值评估，在确定价格比基础上，要准确预测价格比基数。例如，如果选择的价格比为价格与收益比，要评估企业股东价值，则要对企业的未来净收益进行准确预测；如果选择的价格比为价格与销售额比，要评估企业价值，则要对企业的未来销售额进行准确预测；如果选择的价格比为价格与账面价值比，要评估企业股东价值，则要对企业的账面净资产价值进行准确预测。

最后将确定的价格比值与预测的价格比基数代入式（4-39），即可得到评估价值。

三、企业收益及其预测

企业的收益额是运用收益法对企业价值进行评估的关键参数。在企业的价值评估中，企业的收益额需要从两个方面来认识和把握：①在将企业收益额作为企业获利能力的标志来认识和把握的时候，企业的收益额是指企业在合法的前提下，所获得的归企业所有的所得额；②在将企业收益额作为运用收益法评价企业价值的一种媒介的时候，企业的收益额可以是广义上的企业收益额，如息税前利润、企业自由现金流量等。作为企业获利能力标志的企业收益额，是评估人员把握衡量企业价值的根本依据。作为运用收益法评价企业价值的一种媒介的企业收益额，是评估人员把握衡量和判断企业价值的工具。

（一）企业收益的界定

在对企业收益进行具体界定时，应首先注意以下两个方面：

（1）从性质上讲，即从企业价值决定因素的角度上讲，企业创造的不归企业权益主体所有的收入，不能作为企业价值评估中的企业收益。如税收，不论是流转税还是所得税都不能视为企业收益。

（2）凡是归企业权益主体所有的企业收支净额，都可视为企业的收益。无论是营业收支、资产收支，还是投资收支，只要形成净现金流入量，就可视为企业收益。

企业的收益有两种基本表现形式：企业净利润和企业净现金流量（净现金流量＝净利润＋折旧及摊销－追加资本性支出）。而选择净利润还是净现金流量作为企业价值评估的收益基础对企业的最终评估值存在一定的影响。因此，在对企业的收益进行具体界定时，除了需要对企业创造的收入是否归企业所有进行确认外，还要对企业的收益形式进行明确的界定。一般而言，应选择企业的净现金流量作为用收益法进行企业价值评估的收益基础。就企业价值与收益额的关系而言，实证研究表明，企业的利润虽然与企业价值高度相关，但企业价值最终由其现金流量决定而非由其利润决定。就反映企业价值的可靠性而言，企业的净现金流量是企业实际收支的差额，不容易被更改，而企业的利润则要通过一系列复杂的会计程序进行确定，而且可能由于企业管理当局的利益而被更改。当然，作为运用收益法评价企业价值的一种媒介的企业收益，还可以通过息前净现金流量（企业自由现金流量）、息税前利润、息税前净现金流量等具体指标反映和表示，并通过间接法评估出企业价值。在企业价值评估中选择什么形式和口径的收益额作为折现的基础和标的，则要与每次的评估目标和评估效率相关。

在对企业的收益形式作出说明之后，在企业价值的具体评估中还需要根据评估目标的不同，对不同口径的收益作出选择，如净现金流量（股权自由现金流量）、净利润、息前净现金流量（企业自由现金流量）等的选择。因为不同口径的收益额，其折现值的价值内涵和数量是有差别的。在假设折现率口径与收益额口径保持一致的前提下，净利润或净现金流量（股权自由现金流量）折现或资本化为企业股东全部权益价值（净资产价值或所有者权益价值）；净利润或净现金流量加上扣税后的长期负债利息折现或资本化为企业投资资本价值（所有者权益＋长期负债）；净利润或净现金流量加上扣税后的全部利息（企业自由现金流量）折现或资本化为企业整体价值（所有者权益价值和付息债务之和）。

选择什么口径的企业收益作为收益法评估企业价值的基础，首先应服从企业价值评估的目标，即企业价值评估的目的和目标是评估反映股东全部权益价值（企业所有者权益或净资产价值），还是反映企业所有者权益及长期债权人权益之和的投资资本价值，或企业整体价值（所有者权益价值和付息债务之和）。其次，对企业收益口径的选择，应在不影响企业价值评估目的前提下，选择最能客观反映企业正常盈利能力的收益额作为对企业进行价值评估的收益基础。对于某些企业，净现金流量（股权自由现金流量）就能客观地反映企业的获利能力，而另一些企业可能采用息前净现金流量（企业自由现金流量）更能反映企业的获利能力。如果企业评估的目标是企业的股东全部权益价值（净资产价值），使用净现金流量（股权自由现金流量）最为直接，即评估人员直接利用企业的净现金流量（股权自由现金流量）评估出企业的股东全部权益价值来。此种评估方式也被称作企业价值评估的"直接法"。当然，评估人员也可以利用企业的息前净现金流量（企业自由现金流量），首先估算出企业的整体价值（所有者权益价值和付息债务之和），然后再从企业整体价值中扣减企业的付息债务后得到股东全部权益价值。此种评估方式也被称作企业价值评估的"间接法"。评估人员是运用企业的净现金流量（股权自由现金流量）直接估算出企业的股东全部权益价值（净资产价值），还是采用间接的方法先估算企业的整体价值，再估算企业的股东全部权益价值（净资产价值），取决于企业的净现金流量或是企业的息前净现金流量更能客观地反映出企业的获利能力。掌握收益口径和表现形式与不同层次企业价值的对应关系，以及不同层次企业价值之间的关系是企业价值评估中非常重要的事情。

（二）企业收益预测的基本步骤

企业的收益预测，大致分为 3 个阶段：①对企业收益的历史及现状的分析与判断；②对企业未来可预测的若干年的预期收益的预测；③对企业未来持续经营条件下的长期预期收益趋势的判断。

企业预期收益的预测大致可分为以下几个步骤：评估基准日审计后企业收益的调整；企业预期收益趋势的总体分析和判断；企业预期收益预测。

(1) 评估基准日审计后企业收益的调整。评估基准日审计后企业收益的调整包括两部分工作。

1) 对审计后的财务报表进行非正常因素调整，主要是损益表和现金流量表的调整。

将一次性、偶发性、或以后不再发生的收入或费用进行剔除,把企业评估基准日的利润和现金流量调整到正常状态下的数量,为企业预期收益的趋势分析打好基础。

2) 研究审计后报表的附注和相关揭示,对在相关报表中揭示的影响企业预期收益的非财务因素进行分析,并在该分析的基础上对企业的收益进行调整,使之能反映企业的正常盈利能力。

(2) 企业预期收益趋势的总体分析和判断。企业预期收益趋势的总体分析和判断,是在对企业评估基准日审计后实际收益调整的基础上,结合企业管理层提供的预期收益预测数据或预算和评估机构调查收集到的有关信息的资料进行的。这里需要强调以下几点:

1) 对企业评估基准日审计后的调整财务报表,尤其是客观收益的调整仅作为评估人员进行企业预期收益预测的参考依据,不能用于其他目的。

2) 企业提供的关于预期收益的预测是评估人员预测企业未来预期收益的重要参考资料。但是,评估人员不可以仅仅凭企业提供的收益预测作为对企业未来预期收益预测的唯一根据,评估人员应在自身专业知识和所收集的其他资料的基础上作出客观、独立的判断。

3) 尽管对企业在评估基准日的财务报表进行了必要的调整,并掌握了企业提供的收益预测,评估人员还必须深入到企业现场进行实地考察和现场调研,与企业的核心管理层进行充分的交流,了解企业的生产工艺过程、设备状况、生产能力和经营管理水平,再辅之以其他数据资料对企业未来收益趋势作出合乎逻辑的总体判断。

(3) 企业预期收益的预测。企业预期收益的预测是在前两个步骤完成的前提下,运用具体的技术方法和手段进行测算。在一般情况下,企业的收益预测也分两个时间段。对于已步入稳定期的企业而言,收益预测的分段较为简单:①对企业评估基准日后前若干年的收益进行预测;②对企业评估基准日后若干年后的各年收益进行预测。而对于仍处于发展期,其收益尚不稳定的企业而言,对其收益预测的分段应是首先判断出企业在何时步入稳定期,其收益呈现稳定性。而后将其步入稳定期的前一年作为收益预测分段的时点。对企业何时步入稳定期的判断,应在与企业管理人员的充分沟通和占有大量资料并加以理性分析的基础上进行,其确定较为复杂。

四、折现率和资本化率及其估测

(一) 企业评估中选择折现率的基本原则

在运用收益法评估企业价值时,折现率起着至关重要的作用,它的微小变化会对评估结果产生较大的影响。因此,在选择和确定折现率时,必须注意以下几方面的问题。由于折现率与资本化率的构成相同,测算及选择思路也相同,下面我们就以折现率为代表来说明折现率与资本化率的测算原则和方法。

(1) 折现率不低于投资的机会成本。在存在着正常的资本市场和产权市场的条件下,任何一项投资的回报率不应低于该投资的机会成本。在现实生活中,政府发行的国库券利率和银行储蓄利率可以作为投资者进行其他投资的机会成本。由于国库券的发行主体是政府,几乎没有破产或无力偿付的可能,投资的安全系数大。银行虽大多属于商业银行,但我国的银行仍属国家垄断或严格监控,其信誉也非常高,储蓄也是一种风险极小的投资,因此国库券和银行储蓄利率可看成是其他投资的机会成本,相当于无风险投资报酬率。

(2) 行业基准收益率不宜直接作为折现率，但行业平均收益率可作为确定折现率的重要参考指标。我国的行业基准收益率是基本建设投资管理部门为筛选建设项目，从拟建项目对国民经济的净贡献方面，按照行业统一制定的最低收益率标准，凡是投资收益率低于行业基准收益率的拟建项目不得上马。只有投资收益率高于行业基准收益率的拟建项目才有可能得到批准进行建设。行业基准收益率旨在反映拟建项目对国民经济的净贡献的高低，包括拟建项目可能提供的税收收入和利润，而不是对投资者的净贡献。因此，不宜直接将其作为企业产权变动时价值评估的折现率。再者，行业基准收益率的高低也体现着国家的产业政策。在一定时期，属于国家鼓励发展的行业，其行业基准收益率可以相对低一些；属于国家控制发展的行业，国家就可以适当调高其行业基准收益率，达到限制项目建设的目的。因此，行业基准收益率不宜直接作为企业评估中的折现率。而随着我国证券市场的发展，行业的平均收益率日益成为衡量行业平均盈利能力的重要指标，可作为确定折现率的重要参考指标。

(3) 贴现率不宜直接作为折现率。贴现率是商业银行对未到期票据提前兑现所扣金额（贴现息）与期票票面金额的比率。贴现率虽然也是将未来值换算成现值的比率，但贴现率通常是银行根据市场利率和贴现票据的信誉程度来确定的，且票据贴现大多数是短期的，并无固定期间周期。从本质上讲，贴现率接近于市场利率。而折现率是针对具体评估对象的风险而生成的期望投资报酬率。从内容上讲，折现率与贴现率并不一致，简单地把银行贴现率直接作为企业评估的折现率是不妥当的。但也要看到在有些情况下，如对采矿权评估所使用的贴现现金流量法，正是以贴现率折现评估价值的。但就是在这种情况下，所使用的贴现率也包括安全利率和风险溢价两部分，与真正意义的贴现率也不完全一样。

(二) 风险报酬率的估测

在折现率的测算过程中，无风险报酬率的选择相对比较容易一些，通常是以政府债券利率和银行储蓄利率为参考依据。而风险报酬率的测度相对比较困难。它因评估对象、评估时点的不同而不同。就企业而言，在未来的经营过程中要面临着经营风险、财务风险、行业风险、通货膨胀风险等。从投资者的角度，要投资者承担一定的风险，就要有相对应的风险补偿。风险越大，要求补偿的数额也就越大。风险补偿额相对于风险投资额的比率就叫风险报酬率。

在测算风险报酬率的时候，评估人员应注意以下因素：
(1) 国民经济增长率及被评估企业所在行业在国民经济中的地位。
(2) 被评估企业所在行业的发展状况及被评估企业在行业中的地位。
(3) 被评估企业所在行业的投资风险。
(4) 企业在未来经营中可能承担的风险等。

在充分考虑和分析了以上各因素以后，风险报酬率可通过以下两种方法估测。

1. 风险累加法

企业在其持续经营过程中可能要面临许多风险，像前面已经提到的行业风险、经营风险、财务风险、通货膨胀等。风险因素累加法通常应当考虑的因素包括市场权益风险、公司规模风险、行业和市场经营风险、财务风险等。将企业可能面临的风险对回报率的要求予以量化并累加，便可得到企业评估折现率中的风险报酬率。用数学公式表示为

风险报酬率＝行业风险报酬率＋经营风险报酬率＋财务风险率＋其他风险报酬率

(4-40)

行业风险主要指由于企业所在行业的市场特点、投资开发特点，以及国家产业政策调整等因素造成的行业发展不确定性给企业预期收益带来的影响。

经营风险是指企业在经营过程中，由于市场需求变化、生产要素供给条件变化以及同类企业间的竞争给企业的未来预期收益带来的不确定性影响。

财务风险是指企业在经营过程中的资金融通、资金调度、资金周转可能出现的不确定性因素影响企业的预期收益。

其他风险包括了国民经济景气状况、通货膨胀等因素的变化可能对企业预期收益的影响。注意，如果在折现率中的风险报酬率中考虑了通货膨胀率因素，则在企业收益额的预测中也应考虑通货膨胀可能会对企业预期收益的影响。

量化上述各种风险所要求的回报率，可以采取参照物类比加经验判断的方式测算。它要求评估人员充分了解国民经济的运行态势、行业发展方向、市场状况、同类企业竞争情况等。只有在充分了解和掌握上述数据资料的基础上，对于风险报酬率的判断才能较为客观合理。当然，在条件许可的情况下，评估人员应尽量采取统计和数理分析方法对风险回报率进行量化。

2. β 系数法

β 系数法主要用于估算被评估企业（或被评估企业所在行业）的风险报酬率。其基本思路是，被评估企业（或行业）风险报酬率是社会平均风险报酬率与被评估企业（或被评估企业所在行业）风险和社会平均风险的相关系数（β 系数）的乘积。

从理论上讲，β 系数是指某个上市公司相对于充分风险分散的市场投资组合的风险水平的参数。在企业价值评估实践中，有时也将 β 系数作为代表了相对于充分风险分散的市场投资组合而言的某个行业的系统风险是多少。在成熟市场国家和地区，β 系数可以采用参照行业比较法、参照企业比较法，以及相关的数学模型测算。

β 系数法估算风险报酬率的步骤如下。

(1) 将市场期望报酬率扣除无风险报酬率，求出市场期望平均风险报酬率。

(2) 将企业（或企业所在行业）的风险与充分风险分散的市场投资组合的风险水平进行比较及其测算，求出企业所在行业的 β 系数。

(3) 用市场平均风险报酬率乘以企业（或企业所在行业）的 β 系数，便可得到被评估企业（或企业所在行业）的风险报酬率。

用数学公式表示为

$$R_r = (R_m - R_f)\beta \quad (4-41)$$

式中 R_r——被评估企业或企业所在行业的风险报酬率；

R_m——市场期望报酬率；

R_f——无风险报酬率；

β——被评估企业（或企业所在行业）的 β 系数。

如果所求 β 系数是被评估企业所在行业的 β 系数，而不是被评估企业的 β 系数，则需要再考虑企业的规模、经营状况及财务状况，确定企业在其所在的行业中的地位系数，即企业特定风险调整系数（α），然后与企业所在行业的风险报酬率相乘，得到该企业的风险报酬率 R_q：

$$R_q=(R_m-R_f)\beta\alpha \quad (4-42)$$

如果所求 β 系数是被评估企业的 β 系数，直接利用 β 系数就可以了，而不需要再考虑企业特定风险调整系数 α 因素了。

（三）折现率的测算

如果能通过一系列方法测算出风险报酬率，则企业评估的折现率的测算就相对简单了。其中，累加法、资本资产定价模型和加权平均资本成本模型是测算企业价值评估中的折现率及资本化率较为常用的方法。

1. 累加法

累加法是采用无风险报酬率加风险报酬率的方式确定折现率或资本化率。累加法测算折现率的数学表达式如下：

$$R=R_f+R_r \quad (4-43)$$

式中　R——企业价值评估中的折现率；

R_f——无风险报酬率；

R_r——风险报酬率。

2. 资本资产定价模型

资本资产定价模型是用来测算权益资本折现率的一种工具，其数学表达式为

$$R=R_{f1}+(R_m-R_{f2})\beta\alpha \quad (4-44)$$

式中　R——企业价值评估中的折现率；

R_{f1}——现行无风险报酬率；

R_m——市场期望报酬率历史平均值；

R_{f2}——历史平均无风险报酬率；

β——被评估企业所在行业权益系统风险系数；

α——企业特定风险调整系数。

3. 加权平均资本成本模型

加权平均资本成本模型是以企业的所有者权益和企业负债所构成的全部资本，以及全部资本所需求的回报率，经加权平均计算来获得企业评估所需折现率的一种数学模型。

$$R=[E/(D+E)]K_e+[D/(D+E)](1-T)K_d \quad (4-45)$$

式中　$E/(D+E)$——权益资本占全部资本的权重；

$D/(D+E)$——债务资本占全部资本的权重；

K_e——权益资本要求的投资回报率（权益资本成本）；

K_d——债务资本要求的回报率（债务资本成本）；

T——被评估企业适用的所得税税率。

加权平均资本成本模型作为一种工具，有时也可以利用其他参数测算评估人员需要求取的资本成本或投资回报率。例如，使用企业的权益资本与长期负债所构成的投资资本，以及投资资本组成要素各自要求的回报率和它们各自的权重，经加权平均获得企业投资资本价值评估所需要的折现率。用数学公式表示为

企业投资资本要求的折旧率＝长期负债占投资资本的比重×长期负债成本
　　　　　　　　　　＋权益资本占投资资本的比重＋权益资本成本　（4－46）

其中：　　　权益资本要求的回报率＝无风险报酬率＋风险报酬率

负债成本是指扣除了所得税后的长期负债成本。

确定各种资本权数的方法一般有以下3种：

（1）以企业资产负债表中（账面价值）各种资本的比重为权数。

（2）以占企业外发证券市场价值（市场价值）的现有比重为权数。

（3）以在企业的目标资本构成中应该保持的比重为权数。

五、运用收益法评估企业的案例及其说明

【例4-6】　某大型化工企业有与外商合资的意向（已签订意向书），需要了解企业股东全部权益价值，因此要进行企业价值评估。评估基准日为2014年12月31日。根据委托方的要求，以及评估人员对本次评估目的及相关条件的分析，同意将持续经营价值作为本次评估结果的价值类型。评估过程和结果如下。

1. 被评估企业有关历史资料的统计分析

根据本次评估目的及价值类型对评估信息资料的要求，对被评估企业评估基准日以前年度的财务决算和有关资料进行了整理分析，2009—2014年收支情况见表4-5和表4-6。

表4-5　　企业2009—2014年各项收入支出在年度与年度之间的比较

项目	2014年 金额/万元	增长比例/%	2013年 金额/万元	增长比例/%	2012年 金额/万元	增长比例/%	2011年 金额/万元	增长比例/%	2010年 金额/万元	增长比例/%	2009年 金额/万元	增长比例/%
销售收入	4200	14.5	3668.3	9	3366.6	18.8	2834.9	17.8	2406.5	－5	2533	100
销售税金	626.6	14.5	547.3	11.2	492.3	15.9	424.6	23.7	343.3	－1.4	348.3	100
销售成本	2283.7	18.2	1932.6	31.1	1473.8	30	1133.7	15.6	980.9	1.4	967.1	100
其中：折旧	374		354		303		254		238		214	100
销售及其他费用	162.3	－5.3	171.3	3.8	165.1	69.5	97.4	135.3	41.4	7.5	38.5	100
产品销售利润	1127.4	10.8	1017	－17.7	1235	4.8	1179.2	13.3	1040.9	－11.7	1179.2	100
其他销售利润			306.8	9024	3.4	54.1	7.4	3700	0.2	－88.9	1.8	100
营业外支出	100	4.9	95.3	29.8	73.4	33	55.2	129.1	24.1	84	13.1	100
营业外收入	22	－39.6	36.4	413.64	8.8	49.7	17.5	32.6	13.2	26.9	10.4	100
利润总额	1049.4	－16.5	1264.9	7	1174	2.2	1148.9	11.5	1030.2	－12.6	1178.3	100
税款（按实际税额）	356.07	－32.1	524.3	4.4	502.1	－0.9	506.6	2.5	494.3	－4.8	519	100
净利润	693.33	6.4	740.6	10.2	672	4.6	642.3	19.9	535.9	－18.7	659.3	100
（＋）折旧	374		354		303		254		238		214	100
（－）追加投资	662.5	27.6	519.2	27.1	408.6	27.9	319.5	18.4	269.9	15.3	234	100
企业净现金流量	404.83	－29.7	575.4	1.6	566.4	1.8	576.8	14.4	504	－21.2	639.3	100

第二节 收益法在企业价值评估中的应用

表 4-6 企业 2009—2014 年各年收入支出结构比例

项目	2014年 金额/万元	占销售额比例/%	2013年 金额/万元	占销售额比例/%	2012年 金额/万元	占销售额比例/%	2011年 金额/万元	占销售额比例/%	2010年 金额/万元	占销售额比例/%	2009年 金额/万元	占销售额比例/%
销售收入	4200	100	3668.3	100	3366.6	100	2834.9	100	2406.5	100	2533	100
销售税金	626.6	14.6	547.3	14.9	492.3	14.6	424.6	15	343.3	14.3	348.3	13.7
销售成本	2283.7	54.4	1932.6	53	1473.8	43.8	1133.7	40	980.9	40.7	967.1	38.2
其中：折旧	374	8.9	354	9.6	303	9	254	9	238	9.9	214	8.4
销售及其他费用	162.3	3.9	171.3	5	165.1	4.9	97.4	3.4	41.4	1.7	38.5	1.5
产品销售利润	1127.4	26.8	1017	27.7	1235	36.7	1179.2	41.6	1040.9	43.3	1179.2	46.5
其他销售利润			306.8	8.4	3.4	0.1	7.4	0.3	0.2		1.8	0.1
营业外支出	100	2.4	95.3	2.6	73.4	2.2	55.2	1.9	24.1	1	13.1	0.6
营业外收入	22	0.5	36.4	1	8.8	0.3	17.5	0.6	13.2	0.5	10.4	0.4
利润总额	1049.4	25	1264.9	34	1174	34.8	1148.9	40.5	1030.2	47	1178.3	46.5
税款（实际税额）	356.07	8.5	524.3	14.3	502.1	14.9	506.6	17.9	494.3	20.5	519	20.5
净利润	693.33	16.5	740.6	20.2	672	20	642.3	22.7	535.9	22.3	659.3	26
（+）折旧	374	8.9	354	9.6	303	9	254	9	238	9.9	214	8.5
（-）追加投资	662.5		519.2		408.6		319.5		269.9		234	
企业净现金流量	404.83	9.6	575.4	15.7	566.4	16.8	576.8	20.4	504	21	639.3	25.3

评估人员采用的主要指标有销售收入、成本、利润以及企业净现金流。分析结果如下：

（1）从近几年被评估企业的发展情况看，只有 2010 年出现过负增长，但下降幅度很小，销售收入下降 4% 左右。从 2011 年开始出现稳定的增长趋势。

（2）2009—2014 年企业收支结构的比例没有太大的变化，销售成本占销售收入的比例基本上维持在 40% 左右。

2. 分析、预测企业未来发展情况

根据本次评估目的及价值类型对评估信息资料预测的要求，对被评估企业评估基准日以后年度的相关资料进行了分析预测，分析预测都是基于被评估企业现有的经营方向、经营能力、管理能力及合理的改进的前提下进行的，具体情况如下：

（1）按被评估企业目前设备使用状况及其他生产条件分析，被评估企业每年只要有 200 万元左右的技术改造资金投入，企业的生产经营就能长期进行下去，并能保持略有增长的势头。

（2）对被评估企业未来市场预测。从目前及可用预测的年份来看，被评估企业生产的主要产品具有较高的声誉,产品行销全国20多个省、市,现有用户15000多个。企业所在地区有23条送货上门的供应渠道,其他地区有31个代销售网点。该企业产品的主要用户均为重点骨干企业,从经济发展的趋势来看,市场对该企业产品的需求还会进一步增加。因此,被评估企业拥有一个比较稳定且能发展的销售市场。

(3) 未来产品成本预测。该企业产品的主要原料来源并不稀缺,也不受季节影响,故未来市场物价变动对其产品的影响不大。占成本比重较大的电费,在2013年和2014年已做了较大的调整,在今后一段时间里不会有太大的升幅。如果以后电价继续调整,产品价格也会相应调整,从而电价因素不会对企业未来收益造成太大的影响。

(4) 从目前情况分析,在今后一段时间里,国家主要经济政策不会有太大变化,经济继续保持平稳增长。

(5) 未来5年(2015—2019年)企业收益情况预测见表4-7。

表4-7　　　　　　　　　对企业未来收益的预测　　　　　　　　　单位:万元

年份 项目	2015	2016	2017	2018	2019
销售收入	4437.6	4705.8	5213.8	5473.9	5730.9
销售税金	670.8	704.9	746.6	775.1	813.5
销售成本	2350	2500	2700	2900	3100
销售及其他费用	200.9	211.7	222.4	233	223.7
产品销售利润	1215.9	1289.2	1544.8	1565.8	1593.7
其他销售利润					
营业外收入	8	8	8	8	8
营业外支出	90	95	100	105	110
利润总额	1133.9	1202.2	1452.8	1468.8	1491.7
税款(按实际税额)	374.2	396.7	479.4	484.7	492.3
净利润	759.7	805.5	973.4	984.1	999.4
(+) 折旧	385	410	442	475	508
(−) 追加投资	655.2	425.4	454.1	521	541
企业净现金流量	489.5	790.1	961.3	938.1	966.4
折现系数(按9%计)	0.917	0.842	0.772	0.708	0.65
净现值	448.9	665.3	742.1	664.2	628.2

3. 评定估算

(1) 依据企业以前年度生产增减变化及企业财务收支分析,以及对未来市场的预测,评估人员认为被评估企业未来5年的销售收入,将在2014年的基础上略有增长,增长速度将保持在4%~6%之间。

(2) 根据企业的生产能力状况，从 2016 年开始需要追加的投资将会减少（2010—2011 年追加的投资高于正常年份水平），即从 2016 年起企业的净现金流量将会增加，2020 年及以后各年的预期收益将维持在 2019 年的收益水平上。

(3) 适用的折现率及资本化率的确定。因为本次评估目标是企业股东全部权益价值，适用的折现率及资本化率的测算方式采用了资本资产定价模型。

根据评估人员对资本市场的深入调查分析，初步测算证券市场平均期望报酬率为 10%，被评估企业所在行业对于风险分散的市场投资组合的系统风险水平卢值为 0.8，无风险报酬率取 3%，由于被评估企业是一个非上市公司，股权的流动性不强，且企业规模不大，在行业中的地位并不突出。但由于被评估企业产品信誉较高，生产经营稳步增长，而且未来市场潜力很大，企业的投资风险并不很大。所以，确定企业在其所在的行业中的地位系数，即企业特定风险调整系数为 1.07。依据资本资产定价模型测算被评估企业的折现率为 9%。

$$R = R_f + (R_m - R_f)\beta\alpha = 3\% + (10\% - 3\%) \times 0.8 \times 1.07 = 9\%$$

(4) 所得税税率按当时适用的税率 33% 进行计算。

(5) 评估人员根据现有掌握的数据对被评估企业永续经营期间的风险因素进行了初步的分析，没有发现明显高于已预测年份的风险迹象，因此假设资本化率与折现率相同。

4. 评估结果

按收益法中的分段法评估思路估算，企业股东全部权益价值为 10128 万元。企业股东全部权益价值的评估步骤如下。

(1) 计算未来 5 年（2015—2019 年）企业净现金流量的折现值之和。
$$448.9 + 665.34 - 742.1 + 664.2 + 628.2 = 3148.7 （万元）$$

(2) 从未来第 6 年（2020 年）开始，计算永久性现金流量现值。

1) 将未来永久性收益折成未来第 5 年（2019 年）的价值。
$$966.4/9\% = 10737.78 （万元）$$

2) 按第 5 年的折现系数，将企业预期第二段收益价值折成现值。
$$10737.78 \times 0.65 = 6979.56 （万元）$$

(3) 企业股东全部权益价值的评估价值。
$$3148.7 + 6979.56 = 10128.26 （万元）$$

练 习 题

一、单项选择题

1. 某资产年金收益额为 8500 元，剩余使用年限为 20 年，假定折现率为 10%，其评估值最有可能为（　　）元。
   A. 85000　　　B. 72366　　　C. 12631　　　D. 12369

2. 评估企业价值的最直接的方法是（　　）。
   A. 价格指数法　　B. 收益法　　C. 成本法　　D. 清算价格法

3. 运用市盈率乘数法评估企业价值，市盈率所起的作用是（　　）。

A. 参照物作用　　　B. 联系纽带作用　　C. 倍数作用　　　D. 直接作用
4. 采用收益法评估资产时，收益法中的各个经济参数存在的关系时（　　）。
　　A. 资本化率越高，收益现值越低　　　B. 资本化率越高，收益现值越高
　　C. 资产未来收益期对收益值没有影响　D. 资本化率和收益现值无关
5. 收益法中收益额的选择，必须是（　　）。
　　A. 净利润　　　　　　　　　　　B. 利润总额
　　C. 现金流量　　　　　　　　　　D. 口径上与折现率一致
6. 收益法中所用的收益额是指（　　）。
　　A. 评估基准日收益　B. 现实收益　　C. 当年的收益　　D. 未来预期收益
7. 某资产假定可以无限期使用，年收益额为 10 万元，行业的平均折现率为 8%，则其评估价值为（　　）。
　　A. 100 万元　　　B. 125 万元　　　C. 80 万元　　　D. 120 万元
8. 年金资本化法的正确表达式为（　　）。
　　A. $P = \sum_{i=1}^{n}[R_i(1+r)^{-i}](P/A,r,n)/r$
　　B. $P = \sum_{i=1}^{n}[R_i(1+r)^{-i}]/[\sum_{i=1}^{n}(1+r)^i r]$
　　C. $P = \sum_{i=1}^{n}[R_i(1+r)^{-i}]/[\sum_{i=1}^{n}(1+r)^{-i} r]$
　　D. $P = \sum_{i=1}^{n}[R_i(1+r)^{-i}]/\{[(1+r)^{-n}-1][1-(1+r)^n]r\}$
9. 评估人员选择适当的折现率将企业的息前净现金流量进行了资本还原，得到了初步评估结果。本次评估要求的是企业的净资产价值即权益价值。对初步评估结果应作的进一步调整是（　　）。
　　A. 减企业的全部负债　　　　　　　B. 加企业的全部负债
　　C. 减企业的长期负债　　　　　　　D. 减企业的流动负债
10. 待估企业预计未来 5 年的预期收益为 100 万元、120 万元、150 万元、160 万元、200 万元，假定本金化率为 10%，采用年金法估测的企业价值最有可能是（　　）。
　　A. 1414 万元　　　B. 5360 万元　　　C. 141 万元　　　D. 20319 万元
11. 待估企业预计未来 5 年的预期收益为 100 万元、120 万元、150 万元、160 万元、200 万元，从未来第 6 年起，企业的年预期收益将维持在 200 万元水平上，假定本金化率为 10%，采用分段法估测企业的价值最有可能是（　　）。
　　A. 2536 万元　　　B. 5360 万元　　　C. 1778 万元　　　D. 1636 万元
12. 某企业距其企业章程规定的经营期限只剩 5 年，到期后不再继续经营。预计未来 5 年的预期收益额为 100 万元、110 万元、120 万元、120 万元、130 万元，5 年后，该企业变现预计可收回 1000 万元，假定本金化率为 10%，则该企业价值最有可能为（　　）。

A. 1065 万元　　　B. 1100 万元　　　C. 1000 万元　　　D. 1056 万元
13. 被评估企业未来前 5 年收益现值之和为 1500 万元，折现率及资本化率同为 10%，第 6 年企业预期收益率为 400 万元，并一直持续下去。按年金化法计算企业的整体价值最有可能是（　　）。

A. 4000 万元　　　B. 3957 万元　　　C. 3950 万元　　　D. 3967 万元
14. 被评估企业未来前 5 年收益现值之和为 1500 万元，折现率及资本化率同为 10%，第 6 年企业预期收益率为 400 万元，并一直持续下去。按分段法估算企业的价值最有可能的是（　　）。

A. 3980 万元　　　B. 3986 万元　　　C. 3984 万元　　　D. 3982 万元
15. 假设社会平均收益率为 8%，无风险报酬率为 6.2%，被评估企业所在行业的 β 系数为 1.5，则该企业的风险报酬率为（　　）。

A. 8%　　　　　　B. 6.2%　　　　　C. 6.5%　　　　　D. 2.7%
16. 企业价值评估时的收益预测和上市审计的盈利预测间的关系是（　　）。

A. 完全相同的一个过程　　　　　B. 两个不同过程，但可以相互替代
C. 基于相同的原理和本质及目的　D. 两个不同过程，不能相互代替
17. 一般情况下，用加权平均资本模型测算出来的折现率，适用于（　　）口径的企业收益额的评估。

A. 股权自由现金流量　　　　　　B. 企业自由现金流量
C. 净现金流量　　　　　　　　　D. 净利润

二、多项选择题

1. 运用收益法涉及的基本要素或参数包括（　　）。

A. 被评估资产的实际收益　　　　B. 被评估资产的预期收益
C. 折现率或资本化率　　　　　　D. 被评估资产的总使用年限
E. 被评估资产的预期获利年限

2. 企业收益有两种口径的表现形式，即（　　）。

A. 净利润　　　B. 净现金流量　　　C. 息税前利润　　　D. 利润总额
E. 营业利润

3. 在正常情况下，运用收益法评估资产价值时，要求资产的收益额应该是资产的（　　）。

A. 历史收益额　　　　　　　　　B. 未来预期收益额
C. 现实收益额　　　　　　　　　D. 实际收益额
E. 客观收益额

4. 用风险累加法计算的风险报酬率包括（　　）。

A. 经营风险报酬率　　　　　　　B. 财务风险报酬率
C. 行业风险报酬率　　　　　　　D. 投资风险报酬率
E. 系统风险报酬率

5. 风险报酬率的估算方法主要有（　　）。

A. β 系数法　　　B. 风险累加法　　　C. 现代统计法　　　D. 成本加和法

E. 市盈率乘数法

6. 从最直接的角度，评估企业股东全部权益价值的收益额应选择（　　）。
   A. 利润总额　　　B. 净利润　　　C. 利税总额　　　D. 营业利润
   E. 净现值流量

7. 企业价值的表现形式有（　　）。
   A. 企业资产价值　　　　　　　B. 企业投资价值
   C. 企业股东权益价值　　　　　D. 企业债务价值
   E. 企业债权价值

三、判断题

1. 市场法是根据替代原则，采用比较和类比的思想及其方法来估测资产价值的评估技术规程。任何一个理性的投资者在购置某项资产时，他所支付的价格不会高于市场上具有相同用途的替代品的现行市价。

2. 在运用市场法时，资产及其交易活动的可比性要求参照物成交的时间与评估基准日间隔时间不宜过长，主要是为了减少调整时间因素对资产价值影响的难度。

3. 运用市场法评估时，为了减少评估人员的工作量，选择参照物最好不要超过 3 个。

4. 折现率与资本化率从本质上讲是没有区别的。

5. 在收益额确定的前提下，资本化率越高，收益现值越高；资本化率越低，收益现值也越低。

6. 一般情况下，在收益法运用过程中，折现率的口径应与收益额的口径保持一致。

7. 凡是能够带来未来收益的资产，都可以收益法评估。

8. 一般情况下，运用收益法评估资产的价值，所确定的收益额应该是资产实际收益额。

四、简答题

1. 什么是收益法？收益法适用的前提条件是什么？
2. 为什么行业基准收益率不能作为整体企业评估中的折现率或资本化率？
3. 列举收益法的几种具体评估方法并简述其各自的特点。
4. 如何合理地确定企业评估的折现率？

五、计算题

1. 评估对象在未来 5 年内的预期收益分别为 20 万元、22 万元、24 万元、25 万元、26 万元，资产从第 6 年到第 19 年每年的收益均保持在 27 万元，第 10 年年末资产拟转让，变现价约为 120 万元，假定折现率为 10%。要求：运用收益法估测资产的价值。

2. 待评企业预计未来 5 年的预期收益额为 100 万元、120 万元、150 万元、160 万元和 200 万元，并根据企业实际情况推断，从第 6 年开始，企业的年收益额将维持在 200 万左右的水平上，假定资本化率为 10%。要求：运用收益法评测企业的价值。

3. 某企业进行股份制改组，根据企业过去经营情况和未来市场情况，预测其未来 5 年收益额分别是 13 万元、14 万元、11 万元、12 万元和 15 万元。根据银行利率及经营风险情况确定其折现率和资本化率分别为 10% 和 11%。要求：试采用年金资本化法确定该企业的评估价值。

4. 对某整体资产进行资产评估，预测其未来 5 年内的收益额分别为 580000 元、624000 元、653000 元、672000 元和 697000 元，经过调查研究，前期各年折现率为 10%，从第 6 年起本金化率定为 15%，永续年金收益为 700000 元。要求：计算该整体资产的评估价值。

5. 假定待评估企业的投资资本由所有者权益和长期负债两部分构成，其中所有者权益占投资资本的比重为 60%，长期负债占 40%，利息率为 10%，当时社会平均收益率为 12%，国库券利率为 8%。待评估企业的风险 β 系数为 0.9。在采用现金流量折现模型对企业价值进行评估时，该待评估企业的折现率应该是多少？

第五章 企业价值评估的成本法

第一节 成本法的基本原理

一、成本法的基本含义

成本法也是资产评估的基本方法之一。成本法，是指首先估测被评估资产的重置成本，然后估测被评估资产业已存在的各种贬值因素，并将其从重置成本中予以扣除而得到被评估资产价值的各种评估方法的总称。企业价值评估中的成本法（资产基础法），是指以被评估企业评估基准日的资产负债表为基础，合理评估企业表内及表外各项资产、负债价值，确定评估对象价值的评估方法。

成本法的基本思路是重建或重置被评估资产。在条件允许的情况下，任何潜在的投资者在决定投资某项资产时，所愿意支付的价格不会超过购建该项资产的现行购建成本。如果投资对象并非全新，投资者所愿支付的价格会在投资对象全新的购建成本的基础上扣除各种贬值因素。上述评估思路可概括为

资产评估价值＝资产的重置成本－资产实体性贬值－资产功能性贬值－资产经济性贬值

(5-1)

成本法是以再取得被评估资产的重置成本为基础的评估方法。由于被评估资产的再取得成本的有关数据和信息来源较广泛，并且资产的重置成本与资产的现行市价及收益现值也存在着内在联系和替代关系，因而，成本法也是一种被广泛应用的评估方法。

二、成本法的基本前提

成本法从再取得资产的角度反映资产价值，即通过资产的重置成本扣减各种贬值来反映资产价值。只有当被评估资产处于继续使用状态下，再取得被评估资产的全部费用才能构成其价值的内容。资产的继续使用不仅仅是一个物理上的概念，它还包含着有效使用资产的经济意义。只有当资产能够继续使用并且在持续使用中为潜在所有者或控制者带来经济利益时，资产的重置成本才能为潜在投资者和市场所承认和接受。从这个意义上讲，成本法主要适用于继续使用前提下的资产评估。对于非继续使用前提下的资产，如果运用成本法进行评估，需对成本法的基本要素做必要的调整。从相对准确合理，减少风险和提高评估效率的角度，把继续使用作为运用成本法的前提是有积极意义的。

采用成本法评估资产的前提条件是如下。
(1) 被评估资产处于继续使用状态或被假定处于继续使用状态。
(2) 被评估资产的预期收益能够支持其重置及其投入价值。

三、成本法的基本要素

从一般意义上讲，成本法的运用涉及4个基本要素，即资产的重置成本、资产的实体性贬值、资产的功能性贬值和资产的经济性贬值。在实际评估实践中，或者说在具体运用

成本法评估资产的项目中,不是所有的评估项目都存在3种贬值,这需要根据评估项目的具体情况来定。从成本法定义的角度来讲,上述4个参数都可能存在。下面我们从每个参数的严格定义的角度来介绍每一个参数。

(一) 资产的重置成本

简单地说,资产的重置成本就是资产的现行再取得成本。重置成本是一个价格范畴,包含了取得资产所耗费的合理必要的费用及合理必要的资金成本和利润。具体来说,重置成本又分为复原重置成本和更新重置成本两种。

(1) 复原重置成本,是指采用与评估对象相同的材料、建筑或制造标准、设计、规格及技术等,以现时价格水平重新购建与评估对象相同的全新资产所发生的费用。

(2) 更新重置成本,是指采用与评估对象并不完全相同的材料、现代建筑或制造标准、设计、规格和技术等,以现行价格水平购建与评估对象具有同等功能的全新资产所需的费用。

(二) 资产的实体性贬值

资产的实体性贬值也称有形损耗,是指资产由于使用及自然力的作用导致的资产的物理性能的损耗或下降而引起的资产的价值损失。资产的实体性贬值通常采用相对数计量,即实体性贬值率,用公式表示为

$$\text{实体性贬值率} = \frac{\text{资产实体性贬值}}{\text{资产重置成本}} \quad (5-2)$$

(三) 资产的功能性贬值

资产的功能性贬值,是指由于技术进步引起的资产功能相对落后而造成的资产价值损失。它包括由于新工艺、新材料和新技术的采用,而使原有资产的建造成本超过现行建造成本的超支额,以及原有资产超过体现技术进步的同类资产的运营成本的超支额。

(四) 资产的经济性贬值

资产的经济性贬值,是指由于外部条件的变化引起资产闲置、收益下降等而造成的资产价值损失。

四、成本法中各个参数的评估方法

通过成本法评估资产的价值不可避免地要涉及被评估资产的重置成本、实体性贬值、功能性贬值和经济性贬值4大因素。成本法中的各种具体方法实际上都是在成本法总的评估思路基础上,围绕着上述因素采用不同的方式方法测算形成的。在评估实务中,由于人们可能会采用不同的具体方式估算成本法中的各个参数,以及根据采用不同具体方式估算的各个参数的性质、特点来考虑与成本法中其他参数的相互关系,因此,下面所介绍的成本法中的各个具体参数的估测或测算,其结果可能并不是严格意义上的每个参数本身,评估人员需要了解参数的估测方法对参数内涵的影响。

(一) 重置成本的估算方法

资产的重置成本可以通过若干种方法进行估算,这里对在评估实务中应用较为广泛的几种方法介绍如下:

1. 重置核算法

重置核算法亦称细节分析法、核算法等,是利用成本核算的原理,根据重新取得资产

所需的费用项目，逐项计算然后累加得到资产的重置成本。其在实际测算过程又具体划分为两种类型，即购买型和自建型。购买型是以购买资产的方式作为资产的重置过程，购买的结果一般是资产的购置价，如果被评估资产属于不需要运输、安装的资产，购置价就是资产的重置成本。如果被评估资产属于需要运输、安装的资产，资产的重置成本具体是由资产的现行购买价格、运杂费、安装调试费以及其他必要费用构成，将上述取得资产的必需费用累加起来，便可计算出资产的重置成本。自建型是把自建资产作为资产重置方式，它根据重新建造资产所需的料、工、费及必要的资金成本和开发者的合理收益等分析和计算出资产的重置成本。

资产的重置成本应包括开发者的合理收益。一是重置成本是按在现行市场条件下重新购建一项全新资产所支付的全部货币总额，应该包括资产开发和制造商的合理收益。二是资产评估旨在了解被估资产在模拟条件下的交易价格，一般情况下，价格都应该含有开发者或制造者的合理收益部分。资产重置成本中的收益部分的确定，应以开发者或制造者所在行业平均资产收益水平为依据。

【例 5-1】重置购建设备一台，现行市场价格为每台 50000 元，运杂费 1000 元，直接安装成本 800 元，其中原材料 300 元，人工成本 500 元。根据统计分析，计算求得安装成本中的间接成本为每人工成本 0.8 元，该机器设备的重置成本为

$$直接成本 = 50000 + 1000 + 800 = 51800 （元）$$

其中：买价 50000 元

运杂费 1000 元

安装成本 800 元

其中：原材料 300 元

人工成本 500 元

间接成本（安装成本）= 400（元）

重置成本合计 = 51800 + 400 = 52200（元）

2. 价格指数法

价格指数法是利用与资产有关的价格变动指数，将被评估资产的历史成本（账面价值）调整为重置成本的一种方法，其计算公式为

$$重置成本 = 资产的历史成本 \times 价格指数$$

或

$$重置成本 = 资产的历史成本 \times (1 + 价格变动指数) \tag{5-3}$$

式中，价格指数可以是定基价格指数或环比价格指数。

定基价格指数是评估基准日的价格指数与资产购建时点的价格指数之比，即

$$(评估基准日价格指数 / 资产购建时点的价格指数) \times 100\%$$

环比价格变动指数可考虑按下式求得：

$$X = (1+a_1)(1+a_2)(1+a_3)\cdots(1+a_n) \times 100\%$$

式中　X——环比价格指数；

a_n——第 n 年环比价格变动指数，$n=1, 2, 3, \cdots, n$。

【例 5-2】某被评估资产购建于 2006 年，账面原值为 50000 元，当时该类资产的价

格指数为95%，评估基准日该类资产的定基价格指数为160%，则：

被评估资产重置成本＝50000×(160%/95%)×100%≈84211（元）

又如，被评估资产历史成本（账面价值）为200000元，2008年建成，2013年进行评估，经调查已知同类资产环比价格指数分别为：2009年为11.7%，2010年为17%，2011年为30.5%，2012年为6.9%，2013年为4.8%，则有：

被评估资产重置成本＝200000×(1+11.7%)×(1+17%)×(1+30.5%)×
(1+6.9%)×(1+4.8%)×100%
＝200000×191%
＝382000（元）

价格指数法的相关内容还可以参见市场法中的价格指数法部分所介绍的内容。

价格指数法与重置核算法是重置成本估算较常用的方法，但两者有以下明显的区别。

(1) 价格指数法估算的重置成本仅考虑了价格变动因素因而确定的是复原重置成本；而重置核算法既考虑了价格因素也考虑了生产技术进步和劳动生产率的变化因素，因而可以估算复原重置成本和更新重置成本。

(2) 价格指数法建立在不同时期的某一种或某一类甚至全部资产的物价变动水平上；而重置核算法则建立在现行价格水平与购建成本费用核算的基础上。明确价格指数法和重置核算法的区别，有助于在重置成本估算中方法的判断和选择。一项科学技术进步较快的资产，采用价格指数法估算的重置成本往往会偏高。当然，价格指数法和重置核算法也有其相同点，即都是建立在利用历史资料的基础之上。因此，注意分析、判断资产评估时重置成本口径与委托方提供的历史资料（如财务资料）的口径差异，是上述两种方法应用时需注意的共同问题。

3. 功能价值类比法

功能价值类比法，是指利用某些资产的功能（生产能力）的变化与其价格或重置成本的变化呈某种指数关系或线性关系，通过参照物的价格或重置成本，以及功能价值关系估测评估对象价格或重置成本的技术方法（该方法也称为类比估价法——指数估价法）。当资产的功能变化与其价格或重置成本的变化呈线性关系时，人们习惯把线性关系条件下的功能价值类比法称为生产能力比例法，而把非线性关系条件下的功能价值类比法称为规模经济效益指数法。

(1) 生产能力比例法。生产能力比例法是寻找一个与被评估资产相同或相似的资产为参照物，根据参照资产的重置成本及参照物与被评估资产生产能力的比例，估算被评估资产的重置成本。计算公式为

$$被评估资产重置成本 = \frac{被评估资产年产量}{参照物年产量} \times 参照物重置成本 \quad (5-4)$$

【例5-3】 某重置全新的一台机器设备价格为5万元，年产量为5000件。现知被评估资产的年产量为4000件，由此可以确定其重置成本为

被评估资产重置成本＝4000/5000×50000＝40000（元）

这种方法运用的前提条件和假设是资产的成本与其生产能力呈线性关系，生产能力越大，成本越高，而且是呈正比例变化。应用这种方法估算重置成本时，首先应分析资产成

本与生产能力之间是否存在这种线性关系,如果不存在这种关系,这种方法就不可以采用。

(2) 规模经济效益指数法。通过不同资产的生产能力与其成本之间关系的分析可以发现,许多资产的成本与其生产能力之间不存在线性关系。当资产 A 的生产能力比资产 B 的生产能力大 1 倍时,其成本却不一定大 1 倍,也就是说,资产生产能力和成本之间只呈同方向变化,而不是等比例变化,这是由于规模经济效益作用的结果。两项资产的重置成本和生产能力相比较,其关系可用下列公式来表示

$$\frac{被评估资产的重置成本}{参照物资产的重置成本} = \left(\frac{被评估资产的产量}{参照物资产的产量}\right)^x$$

推导可得

$$被评估资产的重置成本 = 参照物资产的重置成本 \times \left(\frac{被评估资产的产量}{百姓的资产的产量}\right)^x \tag{5-5}$$

公式中的 x 被称为规模经济效益指数,事实上它的取得是靠统计分析得到的。目前在我国,这样的统计分析并不多见,实践中通常采用的是一个经验数据。在美国,这个经验数据一般在 0.4～1.2,这些数据也会随着社会经济的发展和行业发展等而发生变化。我国到目前为止尚未有统一的经验数据,在评估过程中要谨慎使用这种方法。公式中参照物一般可选择同类资产中的标准资产。

上述两种方法均可用于确定在成本法运用中的重置成本(估测资产重置成本的具体方法并不局限于上述几种方法)。至于选用哪种方法,应根据具体的评估对象和可以搜集到的资料来确定。这些方法中,对某项资产可能同时都能用,有的则不然,应用时必须注意分析方法运用的前提条件,否则将得出错误的结论。

另外,在用成本法对企业整体资产及某一相同类型资产进行评估时,为了简化评估业务,节省评估时间,还可以采用统计分析法确定某类资产的重置成本,这种方法运用的步骤如下。

(1) 在核实资产数量的基础上,把全部资产按照适当标准划分为若干类别,如房屋建筑物按结构划分为钢结构、钢筋混凝土结构等;机器设备按有关规定划分为专用设备、通用设备、运输设备、仪器、仪表等。

(2) 在各类资产中抽样选择适量具有代表性的资产,应用功能价值类比法、价格指数法或重置核算法等方法估算其重置成本。

(3) 依据分类抽样估算资产的重置成本额与账面历史成本,计算出分类资产的调整系数。其计算公式为

$$K = R'/R \tag{5-6}$$

式中 K——资产重置成本与历史成本的调整系数;
R'——某类抽样资产的重置成本;
R——某类抽样资产的历史成本。

根据调整系数 K 估算被评估资产的重置成本,计算公式为

$$被评估资产重置成本 = \sum 某类资产账面历史成本 \times K \tag{5-7}$$

某类资产账面历史成本可从会计记录中取得。

【例5-4】 评估某企业某类通用设备,经抽样选择具有代表性的通用设备5台,估算其重置成本之和为30万元,而该台具有代表性的通用设备历史成本之和为20万元,该类通用设备账面历史成本之和为500万元。则

$$K = 30 \div 20 = 1.5$$

该类通用设备重置成本 $= 500 \times 1.5 = 750$(万元)

(二)资产的实体性贬值的估算方法

资产的实体性贬值的估算一般可以选择以下几种方法进行估测:

1. 观察法

观察法是指由具有专业知识和丰富经验的工程技术人员,对被评估资产的实体各主要部位进行技术鉴定,并综合分析资产的设计、制造、使用、磨损、维护、修理、大修理、改造情况和物理寿命等因素,将评估对象与其全新状态相比较,考察由于使用磨损和自然损耗对资产的功能、使用效率带来的影响。判断被评估资产的成新率,从而估算实体性贬值。计算公式为

资产实体性贬值 = 重置成本 × 实体性贬值率

或

$$资产实体性贬值 = 重置成本 \times (1 - 实体性成新率) \tag{5-8}$$

2. 使用年限法(或称年限法)

使用年限法是利用被评估资产的实际已使用年限与其总使用年限的比值来判断其实体贬值率(程度),进而估测资产的实体性贬值。

使用年限法的数学表达式为

$$资产实体性贬值率 = \frac{实际已使用年限}{总使用年限}$$

资产实体性贬值 = (重置成本 − 预计残值) × 资产实体性贬值率

$$资产的实体性贬值 = \frac{重置成本 - 预计残值}{总使用年限} \times 实际已使用年限 \tag{5-9}$$

式中 预计残值——被评估资产在清理报废时净收回的金额,在资产评估中,通常只考虑数额较大的残值,如残值数额较小可以忽略不计;

总使用年限——实际已使用年限与尚可使用年限之和,其计算公式为

总使用年限 = 实际已使用年限 + 尚可使用年限

实际已使用年限 = 名义已使用年限 × 资产利用率

由于资产在使用中负荷程度的影响,必须将资产的名义已使用年限调整为实际已使用年限。

名义已使用年限,是指资产从购进使用到评估时的年限。名义已使用年限可以通过会计记录、资产登记簿、登记卡片查询确定。实际已使用年限,是指资产在使用中实际损耗的年限。实际已使用年限与名义已使用年限的差异,可以通过资产利用率来调整。资产利用率的计算公式为

$$资产利用率 = \frac{截至评估日资产累计实际利用时间}{截至评估日资产累计法定利用时间} \times 100\% \tag{5-10}$$

当资产利用率＞1时，表示资产超负荷运转，资产实际已使用年限比名义已使用年限要长；当资产利用率＝1时，表示资产满负荷运转，资产实际已使用年限等于名义已使用年限；当资产利用率＜1时，表示开工不足，资产实际已使用年限小于名义已使用年限。

【例5-5】 某资产于2005年2月购进，2015年2月评估时，名义已使用年限是10年。根据该资产技术指标，在正常使用情况下，每天应工作8h，该资产实际每天工作7.5h。

由此可以计算该资产利用率：

$$资产利用率＝10×360×7.5/(10×360×8)×100\%＝93.75\%$$

由此可确定其实际已使用年限为9.4年。

在实际评估过程中，由于企业基础管理工作较差，再加上资产运转中的复杂性，资产利用率的指标往往很难确定。评估人员应综合分析资产的运转状态，诸如资产开工情况、大修间隔期、原材料供应情况、电力供应情况、是否为季节性生产等各方面因素分析确定。

尚可使用年限是根据资产的有形损耗因素，预计资产的继续使用年限。

使用年限法所显示的评估技术思路是一种应用较为广泛的评估技术，在资产评估实际工作中，评估人员还可以利用使用年限法的原理，根据被评估资产设计的总的工作量和评估对象已经完成的工作量、评估对象设计行驶里程和已经行驶的里程等指标，利用使用年限法的技术思路测算资产的实体性贬值。因此，使用年限法可以利用许多指标评估资产的实体性贬值。

3. 修复费用法

修复费用法是利用恢复资产功能所支出的费用金额来直接估算资产实体性贬值的一种方法。所谓修复费用包括资产主要零部件的更换或者修复、改造、停工损失等费用支出。如果资产可以通过修复恢复到其全新状态，可以认为资产的实体性损耗等于其修复费用。

（三）资产的功能性贬值的估算方法

功能性贬值是由于技术相对落后造成的贬值。估算功能性贬值时，主要根据资产的效用、生产加工能力、工耗、物耗、能耗水平等功能方面的差异造成的成本增加或效益降低，相应确定功能性贬值额。同时，还要重视技术进步因素，注意替代设备、替代技术、替代产品的影响，以及行业技术装备水平现状和资产更新换代速度。

通常情况下，功能性贬值的估算可以按下列步骤进行。

（1）将被评估资产的年运营成本与功能相同但性能更好的新资产的年运营成本进行比较。

（2）计算二者的差异，确定净超额运营成本。由于企业支付的运营成本是在税前扣除的，因此企业支付的超额运营成本会引致税前利润额下降，所得税额降低，使得企业负担的运营成本低于其实际支付额。因此，净超额运营成本是超额运营成本扣除其抵减的所得税以后的余额。

（3）估计被评估资产的剩余寿命。

（4）以适当的折现率将被评估资产在剩余寿命内每年的净超额运营成本折现，这些折现值之和就是被评估资产的功能性损耗（贬值）。其计算公式为

第一节 成本法的基本原理

被评估资产功能性贬值额＝∑（被评估资产年净超额运营成本×折现系数）

(5－11)

【例 5－6】 评估某种机器设备，技术先进的设备比被评估设备生产效率高，节约工资费用，评估基准日为 2013 年 1 月 1 日有关资料及计算结果见表 5－1。

应当指出，新老技术设备的对比，除生产效率影响工资成本超额支出以外，还可对原材料消耗、能源消耗以及产品质量等指标进行对比计算其功能性贬值。

此外，功能性贬值的估算还可以通过对超额投资成本的估算进行，即超额投资成本可视同为功能性贬值，计算公式为

功能性贬值＝复原重置成本－更新重置成本 (5－12)

在实际评估工作中也有功能性溢价的情况，即当评估对象功能明显优于参照资产功能时，评估对象就可能存在功能性溢价。

表 5－1　　　　　　　　　某设备的技术资料

项　　目	技术先进设备	技术陈旧设备
月产量	10000 件	10000 件
单件工资	0.80 元	1.2 元
月工资成本	8000 元	12000 元
月差异额		12000－8000＝4000 元
年工资成本超支额		4000×12＝48000 元
减：所得税（税率为 25%）		12000 元
扣除所得税后年净超额工资		36000 元

（四）资产的经济性贬值的估算

就表现形式而言，资产的经济性贬值主要表现为运营中的资产利用率下降，甚至闲置，并由此引起资产的运营收益减少。当有确切证据表明资产已经存在经济性贬值时，可参考下面方法估测其经济性贬值率或经济性贬值额。

1. 间接计算法

经济性贬值率＝$[1-(资产预计可被利用的生产能力 \times 资产原设计生产能力)^x] \times 100\%$

(5－13)

式中　x——功能价值指数，实践中多采用经验数据，数值一般在 0.6～0.7。

经济性贬值额的计算应以评估对象的重置成本为基数，按确定的经济性贬值率估测。

2. 直接计算法

经济性贬值额＝资产年收益损失额×（1－所得税税率）×$(P/A, r, n)$ (5－14)

式中　$(P/A, r, n)$——年金现值系数。

【例 5－7】 某被估生产线的设计生产能力为年产 20000 台产品，因市场需求结构发生变化，在未来可使用年限内，每年产量估计要减少 6000 台左右。根据上述条件，该生产线的经济性贬值率大约在以下水平上：

经济性贬值率＝{1－[(20000－6000)/20000]$^{0.6}$}×100%
　　　　　　＝(1－0.81)×100%
　　　　　　＝19%

又如，数据承［例5-7］，假定每年减少6000台产品，每台产品损失利润100元，该生产线尚可继续使用3年，企业所在行业的投资回报率为10%，所得税税率为25%。则该生产线的经济性贬值额大约为

经济性贬值额＝(6000×100)×(1－25%)×(P/A，10%，3)
　　　　　　＝450000×2.4869
　　　　　　＝1119105（元）

在实际评估工作中也有经济性溢价的情况，即当评估对象及其产品有良好的市场及市场前景，或有重大政策利好时，评估对象就可能存在着经济性溢价。

第二节　成本法在企业价值评估中的应用

一、成本法评估企业价值的思路

企业价值评估中的成本法实际上是我国资产评估行业中的一种习惯性称谓，严格地讲，企业价值评估中应用的所谓"成本法"，应该称作"资产基础途径"中的"资产加和法"。资产加和法是指在合理评估企业各项资产价值和负债的基础上确定企业价值的评估方法。

成本法（资产加和法）实际上是通过对企业账面价值的调整得到企业价值。其理论基础也是"替代原则"，即任何一个精明的潜在投资者，在购置一项资产时所愿意支付的价格不会超过建造一项与所购资产具有相同用途的替代品所需的成本。成本法（资产加和法）是以企业要素资产的再建为出发点，有忽视企业的获利能力的可能性，而且在评估中很难考虑那些未在财务报表上出现的资产，如企业的管理效率、自创商誉、销售网络等。因此，以持续经营为前提对企业进行评估时，成本法（资产加和法）一般不应当作为唯一使用的评估方法。

在运用成本法评估企业价值之前，应对企业的盈利能力以及相匹配的单项资产进行认定，以便在委托方委托的评估范围基础上，进一步界定纳入企业盈利能力范围内的资产和闲置资产的界限，明确评估对象的作用空间和评估前提。作为一项原则，评估人员在对构成企业的各个单项资产进行评估时，应该首先明确各项资产的评估前提，即持续经营假设前提和非持续经营假设前提。在不同的假设前提下，运用成本法评估出的企业价值是有区别的。对于持续经营假设前提下的各个单项资产的评估，应按贡献原则评估其价值。而对于非持续经营假设前提下的单项资产的评估，则按变现原则进行。

在持续经营假设前提下，一般不宜单独运用成本法对企业价值进行评估。因为运用成本法评估企业价值，是通过分别估测构成企业的所有可确指资产价值后加和而成的。此种方法无法把握持续经营企业价值的整体性，也难以把握各个单项资产对企业的贡献。对企业各单项资产间的工艺匹配和有机组合因素产生出的整合效应，即不可确指的无形资产，很难进行有效衡量。因此在一般情况下，不宜单独运用成本法评估一个在持续经营假设前

提下的企业价值。在特殊情况下，评估人员采用成本法对持续经营企业价值进行评估，应予以充分的说明。

在运用成本法评估持续经营企业时，在对构成企业的各单项资产进行评估时，应考虑各个单项资产之间的匹配情况以及各个单项资产对于整体企业的贡献。另外，还要充分考虑到在持续经营前提下，当企业的单项资产有了评估溢价或升值时的税收因素也可以客观地反映企业价值。

二、成本法对企业某些单项资产评估时应注意的问题

1. 现金

除对现金进行点钞核数外，还要通过对现金及企业运营的分析，判断企业的资金流动能力和短期偿债能力。

2. 应收账款及预付款

从企业财务的角度，应收账款及预付款都构成企业的资产。而从企业资金周转的角度，企业的应收账款应当保持一个合理比例。企业应收账款占销售收入的比例，以及账龄的长短大致可以反映一个企业的销售情况、企业产品的市场需求及企业的经营能力等，并为预期收益的预测提供参考。

3. 存货

存货本身的评估并不复杂，但通过对存货进行评估，可以了解企业的经营状况，至少可以了解企业产品在市场中的竞争地位，且畅销产品、正常销售产品、滞销产品和积压产品的比重，将直接反映企业在市场上的竞争地位，并为企业预期收益预测提供基础。

4. 机器设备与建筑物

机器设备和建筑物是企业进行生产经营和保持盈利能力的基本物质基础。设备的新旧程度、技术含量、维修保养状况、利用率等，不仅决定机器设备本身的价值，同时还对企业未来的盈利能力产生重大影响。按照机器设备及建筑物对企业盈利能力的贡献评估其现时价值，是持续经营假设前提下运用加和法评估企业单项资产的主要特点。

5. 长期投资

资产评估人员运用成本法进行企业价值评估，应当对长期股权投资项目进行分析，根据相关项目的具体资产、盈利状况及其对评估对象价值的影响程度等因素，合理确定是否将其单独评估。

6. 无形资产

企业拥有无形资产的多寡，以及研制开发无形资产的能力，是决定企业市场竞争能力及盈利能力的决定性因素。在评估过程中，要弄清每一种无形资产的盈利潜力，以便为企业收益预测打下坚实基础。

在对企业各个单项资产实施评估并将评估值加和后，就可以此作为运用成本法评估出的企业价值。

资产评估人员如对同一企业采用多种评估方法评估其价值时，应当对运用各种评估方法形成的各种初步价值结论进行分析，在综合考虑运用不同评估方法及其初步价值结论的合理性及所使用数据的质量和数量的基础上，形成合理评估结论。

第五章 企业价值评估的成本法

练 习 题

一、单项选择题

1. 计算机器设备的重置成本时，不应计入的费用是（ ）。
   A. 维修费用 B. 购建费用 C. 安装费用 D. 调试费用

2. 采用价格指数调整法评估进口设备所适用的价格指数是（ ）。
   A. 设备进口国零售商品价格指数   B. 设备出口国生产资料价格指数
   C. 设备出口国综合价格指数   D. 设备出口国零售商品价格指数

3. 设备成新率是指（ ）。
   A. 设备综合性陈旧贬值率的倒数   B. 设备有形损耗率的倒数
   C. 设备有形损耗率与1的差率   D. 设备现实状态与设备重置成本的比率

4. 当资产的运转负荷不足时，资产实际已使用年限比名义使用年限要短，则该资产的资产利用率（ ）。
   A. 大于1   B. 小于1   C. 等于1   D. 不确定

5. 政府实施新的经济政策或发布新的法规限制了某些资产的使用，造成资产的价值降低，这是一种（ ）。
   A. 实体性贬值 B. 功能性贬值 C. 经济性贬值 D. 非评估考虑因素

6. 下列资产评估方法哪一种更好（ ）。
   A. 收益法   B. 成本法   C. 市场法   D. 不一定

7. 计算资产的重置成本时，按现行技术条件下的设计、工艺、材料、标准、价格和费用水平进行核算，这样求得的成本称为（ ）。
   A. 更新重置成本 B. 复原重置成本 C. 完全重置成本 D. 实际重置成本

8. 假定资产的价值和年产量之间存在线性关系，新机器设备的价值为10万元，年产量为1000件，现知被评估资产年产量为800件，其重置成本为（ ）。
   A. 8万元   B. 10万元   C. 8万~10万元   D. 无法确定

9. 在选择重置成本时，在同时可得复原重置成本和更新重置成本的情况下，应该选择（ ）。
   A. 复原重置成本   B. 更新重置成本
   C. 两者皆可   D. 具体情况具体对待

10. 一项资产2000年构建，账面原价100万元，账面净值20万元，2014年进行评估，已知2000年和2014年的物价指数分别是120%和180%，由此确定该项资产的重置完全价值是（ ）。
    A. 150万元   B. 80万元   C. 180万元   D. 100万元

11. 复原重置成本与更新重置成本之差是（ ）。
    A. 实体性贬值 B. 经济性贬值 C. 功能性贬值 D. 风险性贬值

12. 某项资产在评估时，名义已使用年限为10年，根据该资产的技术指标每天应工作8h，实际每天只工作7.2h，由此可以估计该资产实际已使用年限为（ ）。

A. 10年　　　　B. 9年　　　　C. 11年　　　　D. 8年

13. 由于外部经济环境变化而不是资产本身或内部因素所引起的资产贬值，是（　　）。
    A. 实体性贬值　　B. 功能性贬值　　C. 经济性贬值　　D. 货币性贬值

14. 一项科学技术进步较快的资产，采用物价指数法往往会比重置核算法估算的重置成本（　　）。
    A. 高　　　　B. 低　　　　C. 相等　　　　D. 不确定

15. 资产评估时，成新率的确定基础与折旧年限的确定基础（　　）。
    A. 相同　　　　B. 不同　　　　C. 偶尔不同　　　　D. 不确定

16. 某运输车已行使公里数为2万km，经评估人员测定，该运输车还能够行驶20万km，其实体性贬值率为（　　）。
    A. 9.09%　　　B. 90.9%　　　C. 10%　　　　D. 9%

二、多项选择题

1. 从理论上讲，成本法涉及的基本要素包括（　　）。
   A. 资产的重置成本　　　　　　B. 资产的有形损耗
   C. 资产的经济性损耗　　　　　D. 资产的功能性损耗
   E. 资产的获利年限

2. 造成资产经济性贬值的主要因素有（　　）。
   A. 该项技术落后　　　　　　　B. 该项资产生产的产品需求减少
   C. 社会劳动生产率提高　　　　D. 自然力作用加剧
   E. 政府公布淘汰该类资产的时间表

3. 成新率的估算方法有（　　）。
   A. 观察法　　B. 使用年限法　　C. 功能价值法　　D. 修复费用法
   E. 物价指数法

三、简答题

1. 成本法的基本要素有哪些？成本法适用的基本前提是什么？
2. 什么是复原重置成本与更新重置成本？两者有什么关系？

四、计算题

1. 某企业将某项资产与国外企业合资，要求对该资产进行评估。具体资料如下：

该资产账面原值270万元，净值108万元，按财务制度制度规定该资产折旧年限为30年，已计提出折旧20年。经调查分析确定：按现在市场材料价格和工资费用水平，新建造相同构造的资产的全部费用支出为480万元。经查询原始资料和企业记录，该资产截至评估基准日的法定利用时间为57600h，实际累计利用时间为50400h。经专业人员勘察估算，该资产还能使用8年。又知该资产由于设计不合理，造成耗电量大，维修费用高，与现有同类标准资产比较，每年将多支出营运成本3万元（该企业所得税税率为33%，假定折现率为10%）。要求：根据上述资料，采用成本法对该资产进行评估。

2. 被评估机组为5年前购置，账面价值20万元人民币，评估时该机组已不再生产了，已经被新型机组所取代。经调查和咨询了解到，在评估时点，其他企业购置新型机组的取得价格为30万元人民币,专家认定被评估机组与新型机组的功能比为0.8,被评估机组尚可使用8年。假定其他费用可以忽略不计。

要求:试根据所给条件进行以下计算。

(1) 估测该机组的现时全新价格;

(2) 确定该机组的成新率;

(3) 确定设备的评估值。

3. 某企业2010年从美国引进一台设备,当年安装投产,设备总金额为100万美元。2015年对设备进行评估,评估基准日为12月31日,经过对该设备进行现场勘测和鉴定,该设备在国内外处于领先地位。在国际上,也属于普遍使用的产品,故可采用指数法。该设备的费用可分为4部分,设备实体、进口配件、国内配套设施、其他费用。经查询,设备实体在美国的价格上涨了50%,进口配件的价格上涨了30%,国内配套设施价格上涨了60%,其他费用上涨了50%。按评估基准日国家有关政策规定,该进口设备的关税、增值税等为30万元人民币,评估时,美元对人民币汇率为1:8.27,另从进口原生产线合同得知,进口设备实体为75万美元,进口配件为15万美元,另从其他会计凭证中查得国内配套设施原始价值为45万元人民币,其他费用为18万元人民币。

要求:计算该设备的重置成本。

4. 某企业有一套自制生产设备,原值100万元,其中材料费70万元,安装费用22万元,其他费用8万元。这台设备到2014年12月31日使用了5年,预计尚可使用5年。这台设备的设计能力为年产量1000t,从开始使用到2014年年底,材料费用上涨指数为25%、20%、15%、12%、10%、11%;安装费和其他费用平均上涨指数分别为:9%、12%、10%、14%、18%、20%。同时预计2014年12月31日自制同样设备的生产能力会达到1200t。由于受国民经济的影响,正常开工率为80%,规模经济效益指数取0.6。

要求:试评估该设备2014年12月31日的价格。

第六章 企业价值评估报告

企业价值评估是一项综合性的资产评估，技术性较强。企业价值评估的对象是由多个或多种单项资产组成的资产综合体，其决定因素是企业的整体获利能力以及企业面临的各种风险。在实务中，既有对企业整体资产进行的评估，也有对企业单项资产进行的评估，并且前者是建立在后者的基础上的。在实际评估工作中也有经济性溢价的情况，即当评估对象及其产品有良好的市场及市场前景，或有重大政策利好时，评估对象就可能存在着经济性溢价。

第一节 企业价值评估报告的基本概念及基本制度

一、企业价值评估报告的基本概念

（一）企业价值评估报告

企业价值评估报告，是指注册资产评估师根据资产评估准则的要求，在履行了必要的评估程序后，对评估对象在评估基准日特定目的下的价值发表的、由其所在评估机构出具的书面专业意见。注册资产评估师应当根据评估业务的具体情况，提供能够满足委托方和其他评估报告使用者合理需求的评估报告，并在评估报告中提供必要信息，使评估报告使用者能够合理理解评估结论。企业价值评估报告是按照一定格式和内容来反映评估目的、假设、程序、标准、依据、方法、结果及适用条件等基本情况的报告书。广义的企业价值评估报告还是一种工作制度。它规定评估机构在完成评估工作之后必须按照一定程序的要求，用书面形式向委托方及相关主管部门报告评估过程和结果。狭义的企业价值评估报告即企业价值结果报告，既是资产评估机构与注册资产评估师完成对资产作价，就被评估资产在特定条件下价值所发表的专家意见，也是评估机构履行评估合同情况的总结，还是评估机构与注册资产评估师为资产评估项目承担相应法律责任的证明文件。

《国际业务约定书评估准则》（IVS）和美国《专业评估执业统一准则》（USPAP）对评估报告都是从报告类型与报告要素来进行规范的。我国2007年发布的《资产评估准则——评估报告》（中评协〔2007〕189号）是根据要素与内容对评估报告进行规范的重要评估准则。2008年发布的《企业国有资产评估报告指南》（中评协〔2008〕218号）及2010年发布的《金融企业国有资产评估报告指南》（中评协〔2010〕213号），则从国有资产评估报告的基本内容和格式方面，对评估报告的标题、文号、声明、摘要、正文、附件、评估明细表和评估说明等方面进行了规范。

（二）企业价值评估报告的作用

（1）它对委托评估的资产提供价值意见。企业价值评估报告是经具有资产评估资格的机构根据委托评估资产的特点和要求，组织注册资产评估师及相应的专业人员组成的评估队伍，遵循评估准则和标准，履行必要的评估程序，运用科学的方法对被评估资产价值进行评定和估算后，提出的书面价值意见，该价值意见不代表任何当事人一方的利益，是一种独立的专业人士的评估意见，具有较强的公正性与客观性，因而成为被评估资产作价的重要参考。

（2）企业价值评估报告是反映和体现企业价值评估工作情况，明确委托方、受托方及有关方面责任的依据。它用文字的形式，对受托资产评估业务的目的、背景、范围、依据、程序、方法等方面和评估的结果进行说明和总结，体现了评估机构的工作成果。同时，资产评估报告也反映和体现受托的资产评估机构与执业人员的权利与义务，并以此来明确委托方、受托方等有关方面的法律责任。在资产评估现场工作完成后，注册资产评估师就要根据现场工作取得的有关资料和估算数据，撰写评估结果报告，向委托方报告。负责评估项目的注册资产评估师也同时在报告上行使签字的权利，并提出报告使用的范围和评估结果实现的前提等具体条款。当然，企业价值评估报告也是评估机构履行评估协议和向委托方或有关方面收取评估费用的依据。

（3）对企业价值评估报告进行审核，是管理部门完善资产评估管理的重要手段。企业价值评估报告是反映评估机构和注册资产评估师职业道德、执业能力水平以及评估质量高低和机构内部管理机制完善程度的重要依据。有关管理部门通过审核资产评估报告，可以有效地对评估机构的业务开展情况进行监督和管理。

（4）企业价值评估报告是建立评估档案、归集评估档案资料的重要信息来源。注册资产评估师在完成企业价值评估业务之后，都必须按照档案管理的有关规定，将评估过程中收集的资料、工作记录以及企业价值评估过程的有关工作底稿进行归档，以便进行评估档案的管理和使用。由于企业价值评估报告是对整个评估过程的工作总结，其内容包括了评估过程的各个具体环节和各有关资料的收集及记录，因此，不仅评估报告的底稿是评估档案归集的主要内容，撰写资产评估报告过程中采用的各种数据、各个依据、工作底稿和资产评估报告制度中形成有关文字记录等都是资产评估档案的重要信息来源。

二、企业价值评估报告要素

根据《资产评估准则——评估报告》（中评协〔2007〕189号）以及中国资产评估协会在2008年发布的《企业国有资产评估报告指南》（中评协〔2008〕218号），注册资产评估师应当在执行必要的企业价值评估程序后，根据相关评估准则编制并由所在评估机构出具评估报告。注册资产评估师应当在评估报告中披露必要信息，使评估报告使用者能够合理理解评估结论。金融企业和行政事业单位国有资产评估报告另行规范。

（一）企业价值评估报告的基本要素

企业价值评估报告一般应包括以下基本要素：

（1）委托方、产权持有者和委托方以外的其他评估报告使用者。

（2）评估目的。

（3）评估对象和评估范围。

（4）价值类型及其定义。

（5）评估基准日。

（6）评估依据。

第一节 企业价值评估报告的基本概念及基本制度

(7) 评估方法。
(8) 评估程序实施过程和情况。
(9) 评估假设。
(10) 评估结论。
(11) 特别事项说明。
(12) 评估报告使用限制说明。
(13) 评估报告日。
(14) 评估机构和注册资产评估师签章，评估机构或者经授权的分支机构加盖公章，法定代表人或者其授权代表签字，合伙人签字。

(二) 被评估资产基本情况说明

在评估报告中，注册资产评估师应该根据评估项目具体情况，就被评估资产的基本情况进行说明，一般包括以下几项。

(1) 评估对象的存在状况、权利状况和受到的限制。
(2) 注册资产评估师应当在评估报告中披露所有影响评估分析、判断和结论的评估假设和限定条件，并就其对评估结论的影响进行必要说明。
(3) 注册资产评估师应当在评估报告的评估程序实施过程和情况说明部分中，重点披露被评估企业的财务分析、调整以及评估方法的运用实施过程。
(4) 注册资产评估师在评估报告中披露财务分析、调整情况时，通常应当包括下列内容：

1) 被评估企业历史财务资料分析总结，列示能够充分满足评估目的需要和揭示被评估企业特性的若干年度的资产负债表和损益表的汇总资料。
2) 对财务报告、企业申报资料所作的重大或实质性调整。
3) 相关预测所涉及的关键性评估假设和限定条件。
4) 被评估企业与其所在行业平均经济效益状况比较。

(5) 资产评估师在评估报告中披露评估方法运用实施过程和情况时，通常应当包括下列内容：

1) 选择评估方法的过程和依据。
2) 评估方法的运用和逻辑推理计算过程。
3) 资本化率、折现率、价值比率等重要参数的获取来源和形成过程。
4) 对初步评估结论进行综合分析，形成最终评估结论的过程。

(6) 资产评估师应当根据评估项目的具体情况，在评估报告中对被评估企业的基本情况进行说明，一般包括：

1) 企业名称、类型与组织形式。
2) 企业历史状况。
3) 企业主要产品或服务。
4) 市场和客户状况。
5) 企业管理状况。
6) 季节或周期因素对企业运营的影响。

7）企业运营常规流程。

8）企业主要资产状况，包括有形资产、无形资产，以及主要负债。

9）企业发展前景。

10）企业、股权等以往市场交易情况。

11）相关竞争状况。

12）影响企业生产经营的宏观经济因素。

13）影响企业生产经营的行业发展前景。

14）其他需要说明的企业状况。

注册资产评估师可以根据评估业务性质、评估标的情况、委托方和其他评估报告使用者的要求，合理确定评估报告的详略程度。

（三）评估报告特别事项说明

评估报告的特别事项说明通常包括下列内容。

（1）产权瑕疵。

（2）未决事项、法律纠纷等不确定因素。

（3）重大期后事项。

（4）在不违背资产评估准则基本要求的情况下，采用的不同于资产评估准则规定的程序和方法。

注册资产评估师应当说明特别事项可能对评估结论产生的影响，并重点提示评估报告使用者予以关注。

（四）评估报告的使用限制说明

评估报告的使用限制说明通常包括下列内容：

（1）评估报告只能用于评估报告载明的评估目的和用途。

（2）评估报告只能由评估报告载明的评估报告使用者使用。

（3）未征得出具评估报告的评估机构同意，评估报告的内容不得被摘抄、引用或披露于公开媒体，法律、法规规定以及相关当事方另有约定的除外。

（4）评估报告的使用有效期。

（5）因评估程序受限造成的评估报告的使用限制。

第二节　企业价值评估报告的制作

一、评估报告的制作步骤

企业价值评估报告的制作是评估机构与注册资产评估师完成评估工作的最后一道工序，也是企业价值评估工作中的一个重要环节。注册资产评估师通常执行下列基本评估程序：

（1）明确评估业务基本事项。

（2）签订业务约定书。

（3）编制评估计划。

（4）现场调查。

(5) 收集评估资料。
(6) 评定估算。
(7) 编制和提交评估报告。
(8) 工作底稿归档。
归纳总结后，主要按以下几个步骤制作评估报告。

(一) 整理工作底稿和归集有关资料

评估现场工作结束后，注册资产评估师必须着手对现场工作底稿进行整理，按资产的性质进行分类。同时对有关询证函、被评估资产背景材料、技术鉴定情况和价格取证等有关资料进行归集和登记。对现场未予确定的事项，还需进一步落实和查核。这些现场工作底稿和有关资料都是编制资产评估报告的基础。

(二) 评估明细表的数字汇总

在完成现场工作底稿和有关资料的归集任务后，注册资产评估师应着手评估明细表的数字汇总。明细表的数字汇总应根据明细表的不同级次先明细表汇总，然后分类汇总，再到资产负债表式的汇总。在数字汇总过程中应反复核对各有关表格的数字的关联性和各表格栏目之间数字的钩稽关系，防止出错。

(三) 评估初步数据的分析和讨论

在完成评估明细表的数字汇总，得出初步的评估数据后，应召集参与评估工作过程的有关人员，对评估报告的初步数据的结论进行分析和讨论，比较各有关评估数据，复核记录估算结果的工作底稿，对存在作价不合理的部分评估数据进行调整。

(四) 编写评估报告

编写评估报告又可分以下两步。

(1) 在完成资产评估初步数据的分析和讨论，对有关部分的数据进行调整后，由具体参加评估的各评估小组负责人员草拟出各自负责评估部分资产的评估说明，同时提交全面负责、熟悉本项目评估具体情况的人员草拟出资产评估报告。

(2) 将评估基本情况和评估报告初稿的初步结论与委托方交换意见，听取委托方的反馈意见后，在坚持独立、客观、公正的前提下，认真分析委托方提出的问题和建议，考虑是否应该修改评估报告，对评估报告中存在的疏忽、遗漏和错误之处进行修正，待修改完毕即可撰写出资产评估正式报告。

(五) 评估报告的签发与送交

注册资产评估师撰写出评估正式报告后，经审核无误，按以下程序进行签名盖章：先由负责该项目的注册评估师签章（两名或两名以上），再送复核人审核签章，最后送评估机构负责人审定签章并加盖机构公章。评估报告签发盖章后即可连同评估说明及评估明细表送交委托单位。

二、评估报告制作的技术要点

评估报告制作的技术要点是指在评估报告制作过程中的主要技能要求，它具体包括了文字表达、格式与内容方面的技能要求，以及复核与反馈等方面的技能要求。

注册资产评估师应当在执行必要的评估程序后，编制并由所在评估机构出具评估报告，并在评估报告中提供必要信息，使评估报告使用者能够合理理解评估结论。注册资产评估师应当根据评估业务具体情况，提供能够满足委托方和其他评估报告使用者合理需求的评估报告。

1. 文字表达方面的技能要求

评估报告既是一份对被评估资产价值有咨询性和公证性作用的文书，又是一份用来明确资产评估机构和注册资产评估师工作责任的文字依据，所以它的文字表达要求既要清楚、准确，又要提供充分的依据说明，还要全面地叙述整个评估的具体过程。其文字的表达必须准确，不得使用模棱两可的措辞。其陈述既要简明扼要，又要把有关问题说明清楚，不得带有任何诱导、恭维和推荐性的陈述。

2. 格式和内容方面的技能要求

对评估报告格式和内容方面的技能要求，按照现行政策规定，应该遵循《资产评估准则——评估报告》（中评协〔2007〕189号），涉及企业国有资产评估的，还应该遵循《企业国有资产评估报告指南》（中评协〔2008〕218号）。

3. 报告的复核及反馈方面的技能要求

评估报告的复核与反馈也是资产评估报告制作的具体技能要求。通过对工作底稿、评估说明、评估明细表和报告正文的文字、格式及内容的复核和反馈，可以使有关错误、遗漏等问题在出具正式报告之前得到修正。对评估人员来说，资产评估工作是一项由多个评估人员同时作业的中介业务，每个评估人员都有可能因能力、水平、经验、阅历及理论方法的限制而产生工作盲点和工作疏忽，所以，对资产评估报告初稿进行复核就成为必要。就对评估资产的情况熟悉程度来说，大多数资产委托方和占有方对委托评估资产的分布、结构、成新率等具体情况总是会比评估机构和评估人员更熟悉，所以在出具正式报告之前征求委托方意见，收集反馈意见也很有必要。

对评估报告必须建立起多级复核和交叉复核的制度，明确复核人的职责，防止流于形式的复核。收集反馈意见主要是通过委托方或占有方熟悉资产具体情况的人员。对委托方、产权持有者或资产占有方意见的反馈信息，应谨慎对待，应本着独立、客观、公正的态度去接受其反馈意见。

4. 撰写报告应注意的事项

评估报告的制作技能除了需要掌握上述3个方面的技术要点外，还应注意以下几个事项：

（1）实事求是，切忌出具虚假报告。报告必须建立在真实、客观的基础上，不能脱离实际情况，更不能无中生有。报告拟订人应是参与该项目并较全面了解该项目情况的主要评估人员。

（2）坚持一致性原则，切忌出现表里不一。报告文字、内容前后要一致，摘要、正文、评估说明、评估明细表内容与格式、数据要一致。

（3）提交报告要及时、齐全和保密。在正式完成资产评估工作后，应按业务约定书的约定时间及时将报告送交委托方。送交报告时，报告及有关文件要送交齐全。此外，要做好客户保密工作，尤其是对评估涉及的商业秘密和技术秘密，更要加强保密工作。

（4）评估机构应当在资产评估报告中明确评估报告使用者、报告使用方式，提示评估报告使用者合理使用评估报告。应注意防止报告的恶意使用，避免报告的误用，以合法规避执业风险。

(5) 注册资产评估师执行资产评估业务，应当关注评估对象的法律权属，并在评估报告中对评估对象法律权属及其证明资料来源予以必要说明。注册资产评估师不得对评估对象的法律权属提供保证。

(6) 注册资产评估师执行资产评估业务受到限制无法实施完整的评估程序时，应当在评估报告中明确披露受到的限制、无法履行的评估程序和采取的替代措施。

第三节 企业价值评估报告的使用

一、委托方对评估报告的使用

委托方在收到受托评估机构送交的正式评估报告及有关资料后，可以依据评估报告所揭示的评估目的和评估结论，合理使用资产评估结果。根据有关规定，委托方依据评估报告所揭示的评估目的及评估结论，可以作为以下几种具体的用途进行使用。

(1) 评估目的。作为资产的作价基础包括以下内容。

1) 整体或部分改建为有限责任公司或股份有限公司。
2) 以非货币资产对外投资。
3) 合并、分立、清算。
4) 除上市公司以外的原股东股权比例变动。
5) 除上市公司以外的整体或部分产权（股权）转让。
6) 整体资产或者部分资产租赁给非国有单位。
7) 国有资产占有单位收购非国有资产。
8) 国有资产占有单位与非国有资产单位置换资产。
9) 国有资产占有单位接受非国有资产单位以实物资产偿还债务。
10) 法律、行政法规规定的其他需要进行评估的事项。

(2) 企业进行会计记录或调整账项的依据。委托方在根据评估报告所揭示的资产评估目的使用评估报告资料的同时，还可依照有关规定，根据评估报告资料进行会计记录或调整有关财务账项。

(3) 作为履行委托协议和支付评估费用的主要依据。当委托方收到评估机构的正式评估报告及有关资料后，在没有异议的情况下，应根据委托协议，履行支付评估费用的承诺及其他有关。

此外，评估报告及有关资料也是有关当事人因资产评估纠纷向纠纷调处部门申请调处的申诉资料之一。

当然委托方在使用资产评估报告及有关资料时也必须注意以下几个方面：

(1) 按报告所揭示的评估目的使用报告，一份评估报告只允许按一个用途使用。
(2) 只能在报告的有效期内使用报告，超过报告的有效期，原资产评估结果无效。
(3) 在报告有效期内，资产评估数量发生较大变化时，应由原评估机构或者说资产占有单位按原评估方法作相应调整后才能使用。
(4) 涉及国有资产产权变动的评估报告及有关资料必须经国有资产管理部门或授权部

门核准或备案后方可使用。

（5）作为企业会计记录和调整企业账项使用的资产评估报告及有关资料，必须根据国家相关法规执行。

二、资产评估管理机构对评估报告的使用

资产评估管理机构主要是指对资产评估进行行政管理的主管机关和对资产评估行业进行自律管理的行业协会。对评估报告的使用是资产评估管理机构实现对评估机构的行政管理和行业自律管理的重要过程。资产评估管理机构通过对评估机构出具的资产评估报告有关资料的使用，有助于了解评估机构从事评估工作的业务能力和组织管理水平。由于评估报告是反映资产评估工作过程的工作报告，通过对评估报告资料的检查与分析，评估管理机构能大致判断该机构的业务能力和组织管理水平。另外，也是对评估结果质量进行评价的依据。资产评估管理机构通过评估报告能够对评估机构的评估结果质量的好坏作出客观的评价，从而能够有效实现对评估机构和评估人员的管理。同时，它能为国有资产管理提供重要的数据资料。通过对评估报告的统计与分析，可以及时了解国有资产占有和使用状况以及增减值变动情况，为进一步加强和改善国有资产管理服务。

三、其他有关部门对评估报告的使用

除了资产评估管理机构可运用资产评估报告资料外，还有些政府管理部门也需要使用资产评估报告，他们主要包括国有资产监督管理部门、证券监督管理部门、保险监督管理部门、工商行政管理、税务、金融和法院等有关部门。

国有资产监督管理部门对资产评估报告的使用，主要表现在对国有产权进行管理的各个方面，通过对国有资产评估项目的核准或备案，可以加强国有产权的有效管理，规范国有产权的转让行为。

证券监督管理部门对资产评估报告的使用，主要表现在对申请上市的公司有关申报材料及招股说明书的审核，对上市公司定向发行股票、公司并购、资产收购、以资抵债等重大资产重组行为时的评估定价行为的审核。当然，证券监督管理部门还可运用资产评估报告和有关资料加强对取得证券业务评估资格的评估机构及有关人员的业务管理。

工商行政管理部门对资产评估报告的使用，主要表现在对公司设立、公司重组、增资扩股等经济行为时，对资产定价进行依法审核。

商务管理、保险监督管理、税务管理、金融和法等部门也都能通过对资产评估报告的使用来达到实现其管理职能的目的。

练 习 题

一、单项选择题

1. 广义的资产评估报告是（   ）。

    A. 一种工作制度　　B. 资产评估报告书　C. 公证性报告　　　D. 法律责任文书

2. 按报告所揭示的评估目的使用报告，一份评估报告可按（   ）用途使用。

    A. 多个　　　　　　B. 一个　　　　　　C. 两个　　　　　　D. 不确定

二、多项选择题

1. 资产评估报告书的基本要素一般包含（　　）。
   A. 评估方法　　　　　　　　　　　B. 评估目的
   C. 评估基准日　　　　　　　　　　D. 委托方与资产占有方简介
   E. 资产评估立项通知书

2. 资产评估报告书的作用有（　　）。
   A. 为被委托评估的资产提供作价意见
   B. 是反映和体现资产评估工作情况，明确委托方、受托方及有关方面责任的根据
   C. 是管理部门完善资产评估管理的重要手段
   D. 是建立评估档案，归集评估档案资料的重要信息来源
   E. 是出资的直接依据

三、简答题

1. 什么是资产评估报告？广义上的、狭义上的资产评估报告有什么分别？
2. 委托方使用资产评估报告书及有关资料时应注意哪些方面？
3. 资产评估报告的基本要素有哪些？

第七章 企业价值的基础

第一节 公司经营目标

一、公司经营的目标

公司经营的目标是使企业价值最大化。当前，改善公司治理的大潮推动着企业更加关注长期的价值创造。因此，管理者和董事会成员应该把长期的股东价值创造作为公司的首要目标。关注股东价值的管理者不仅创造出更为健康的企业，更能产生其他的效益，如促进经济增长，提高生活水平和创造更多的就业机会。企业会在为股东创造真实经济价值的过程中实现自身的茁壮成长。

长期以来，有关股东价值相对于就业、社会责任和环境等指标的重要性，始终伴有激烈的争论，内容往往集中在股东和利益相关者之间的利益划分。至少在意识形态和法律框架内，美国和英国倾向于股东是公司的所有者，董事会是股东的代表并由股东选出，企业的客观职能是使股东价值最大化。

在欧洲大陆，商业组织的目标定位明显比英美更为宽泛。在很多公司，这种目标定位已经融入公司治理结构中。在荷兰和德国，大公司的董事会对公司有信托责任（为所有利益相关者的利益支持公司持续经营），而不仅仅是追求股东价值的最大化。欧洲大陆其他国家的公司治理基础也是与之相类似的理念。

追求股东利益并不意味着损害其他利益相关者的利益。以同样作为利益相关者的员工为例。一家公司如果试图通过简陋的工作环境、压低员工工资和削减员工福利来增加盈利，肯定无法吸引和留住高素质的员工。随着当今劳动力流动性的增加和受教育劳动者人数的增多，这样的公司盈利会越来越少。只有善待员工的公司才会是有发展前途的公司。

以创造股东价值为核心常被诟病为短视之举。其实不然，因为股东回报率和研发投入之间具有很强的正相关性。股东回报率最高的公司也是研发投入最高的公司。这些结论对不同经济部门也是成立的。

总体而言，资本市场会"奖励"致力于长期价值创造的企业，而且这类企业对国家经济和其他利益相关者都有好处。然而现实却令人遗憾，管理者迫于压力往往以牺牲创造长期价值为代价争取短期成效。

企业开始进入成熟期并步入高增长向低增长的转型期时，往往会面临短期绩效压力。这一时期投资者会要求企业高速增长，为此，管理层在力图推动企业长期增长的同时寻求种种途径保持利润在短期内增长。利用短期效应实现长期增长往往难度更大，且会陷入恶性循环。

20世纪90年代末至21世纪初，管理者为粉饰企业短期绩效不惜采取会计欺诈手段，恐怕没有什么做法能比这些"造假风波"更令人失望且更具破坏力了。虚假利润最终必须还原为真实利润。

股票市场永远要求短期绩效，正如运动教练鼓励运动员不断取得更好的成绩。这种压力始终会存在，但并不都是坏事。企业管理层需要权衡短期利润和长期价值创造，还要有足够的勇气付诸行动。董事会也要深入调查，积极评价管理层作出的正确取舍，并在管理层选择创造长期价值时提供保护，也许这一点更为重要。

二、价值管理者的作用

价值创造管理，要求管理者采取与许多其他管理者迥然不同的管理方式。价值管理者是一类特殊的职业：他们关心的不是回报的季度变化，而是长期的现金流。他们对商业的判断靠的是回报是否高于机会成本，而不是靠规模、声誉或其他感情上的因素。最重要的是，他们相信价值管理就是要在整个组织中建立一种价值创造的理念。

为达到这个目的，价值管理者不仅需要将价值作为公司的整体战略目标（包括确定公司的业务组合、明确重大的战略举措和确定价值创造目标），而且必须确保公司的日常流程都与价值创造保持一致。这些流程包括规划、绩效管理、薪酬体系和投资者沟通。

价值管理者必须要建立以下几种公司的价值管理能力。

(1) 以价值创造为核心进行规划和投资分析。

(2) 建立价值导向的目标和绩效评估体系。

(3) 重组公司的薪酬制度，强调为股东创造价值。

(4) 向投资者和分析师更明确、更制度化地沟通公司经营计划如何创造价值。

(5) 重新定义公司财务总监的职责。

第二节　企业价值创造的基本原理

一、企业价值创造的基本原理

(1) 在实物市场上，企业创造的价值是通过企业投资的资本所获得的回报高于机会资本成本而得到的。

(2) 企业的投资回报高于资本成本越多，企业创造的价值就越多（只要资本回报超过资本成本，增长就会创造更多的价值）。

(3) 企业应该选择使预期现金流或经济利润现值最大化的战略（无论选择现金流现值还是经济利润现值，得到的结果是一样的）。

(4) 在资本市场上，公司股票的价值是以未来回报的市场预期为基础的（如果市场对公司真实前景相关信息的掌握不够，市场预期会偏离内在价值）。

(5) 确定上市价格后，股东获取的回报更多地取决于公司未来绩效预期的变化，而不是公司的实际绩效。例如，如果一家公司预期的投资回报率是25%，但实际回报率只有20%，其股票价格会下跌，尽管公司的回报高于资本成本。

二、案例分析——价值创造的基本原理

1. Fred 硬件公司简介

Fred 公司的业务经历了一次明显的转型。起初 Fred 是一家小型硬件连锁店的老板，后来他产生了建立一个 Fred 硬件超市的想法，并按照此想法改造了他的商店。为了扩张，Fred 准备携公司上市，以筹集更多资本。他的成功促使 Fred 拓展了新的零售概念，例如 Fred 家具公司和 Fred 园艺用品公司。最终，Fred 面临着管理一家大型零售企业集团的复杂任务。

2. 公司早期

早年，由于对财务方面知之甚少，他要求麦肯锡公司帮助他评估公司的财务绩效。为了简化起见，麦肯锡公司告诉 Fred，他应该衡量投入资本回报率（税后营业利润除以对经营资金、不动产、厂房和设备的资本投入），并与把这些资本进行其他投资（如股票市场）所能得到的回报进行比较。

Fred 计算出他的投入资本回报率是 18%。麦肯锡公司给他的意见是，他如果投资相同风险的股票，可能得到 10% 的回报。由于 Fred 的投资比投到其他地方可能得到的收益更多，Fred 在提高公司的投入资本回报率上有一个想法，他的一个商店的投入资本回报率仅为 14%，如果关掉这个商店，就能够提高投入资本的平均回报率。麦肯锡公司告诉他应该关注的不是投入资本回报率本身，而是把投入资本回报率（对应于资本成本）与投入资本额结合起来所表示的经济利润。麦肯锡公司向他举出了一个简单例子（表 7-1）。

表 7-1　　　　　　　　　　Fred 硬件公司（2010 年的经济利润）

项目	投入资本回报率/%	加权平均资本成本(WACC)/%	差异/%	投入资本额/10^3 美元	经济利润/10^3 美元
整个公司	18	10	8	10000	800
不包括低回报的商店时	19	10	9	8000	720

经济利润可以表示为投入资本的回报率减去资本成本再乘以投入资本额。在 Fred 的案例中，经济利润是 80 万美元。如果他关掉低回报商店，平均投入资本回报率会上升，但是经济利润会下降。虽然这家商店获得的投入资本回报率低于他的其他商店，但是它仍然获得了高于资本成本的回报。

企业的目标应是长期的经济利润最大化，而不是投入资本回报率最大化。设想一个极端的例子：大多数的投资者可能会喜欢用 100 万美元的资本获得 20% 的回报，而不是以 1000 美元的资本获得 50% 的回报，虽然小资本的回报率更高一些。Fred 信服了，他开始追求经济利润最大化。

几个星期以后，Fred 一脸困惑地来找麦肯锡公司，他说他妹妹 Sally 拥有自己的 Sally 商店，她提出了积极扩张 Sally 商店的计划。如图 7-1 所示，Sally 的营业利润增长预计会高于 Fred 的水平。Fred 对于他妹妹在商业经营上更胜一筹有些不快。

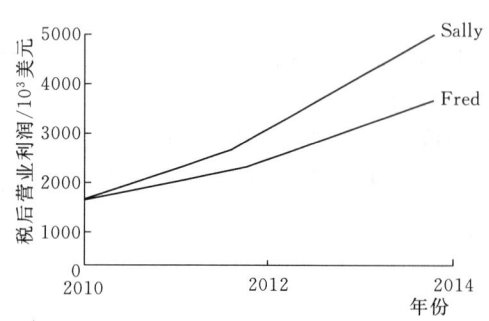

图 7-1　Fred 和 Sally：预测的营业利润

麦肯锡公司说别着急，Sally 是如何获得那样的增长呢？她的经济利润是多少？Fred 回去后测算并带回了图 7-2 所示分析。其实，Sally 取得的增长是靠大量的投资，而不是效率的提高。尽管营业利润会上升，但是她的公司投入资本回报率将显著下降。致使经济利润下降。Fred 释然了，并向 Sally 说明了个中原委。

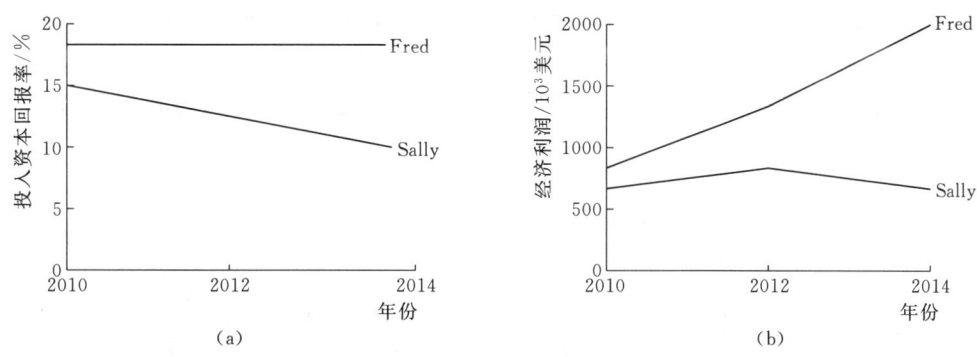

图 7-2 Fred 和 Sally：预测的经济利润
(a) 资本回报率；(b) 经济利润

3. Fred 的业务增长

多年来，Fred 为经济利润这一评价指标感到满意。然而，有一天他又来找麦肯锡公司了。他想发展一项称为"Fred 硬件超市"的新业务，但是当他看到预测结果时（他现在有一个专门的财务分析部门），他发现在未来几年中，如果把他的商店转变成新的业务模式，由于对新增资本投入的需求，其经济利润是下降的（图 7-3），4 年后经济利润才会更大。但是他不知道如何在经济利润的短期下降和长期改善之间作出抉择。

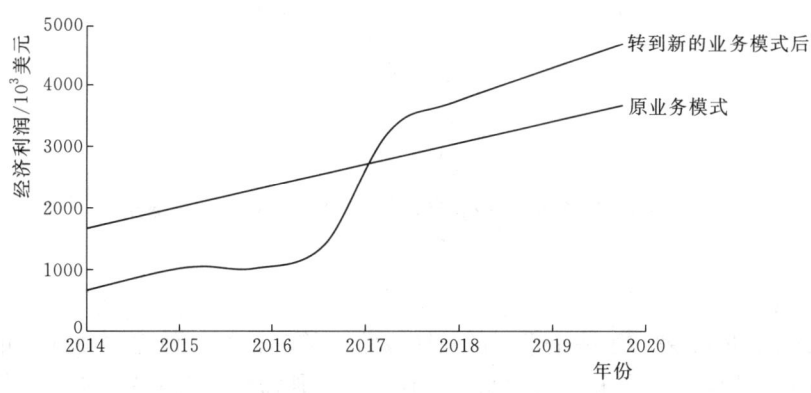

图 7-3 Fred 的新新概念

麦肯锡公司认为 Fred 是对的。他需要一些更为复杂的金融工具。到目前为止，麦肯锡公司尽可能地使用简化的价值评估模型。但是要解决 Fred 面对的决策，单纯从增加或使经济利润最大化的角度无法得出明确的答案。他需要把多年的数据整合成一个单一数据，以比较不同的战略。方法之一是使用折现现金流（Discounted Cash FOW，DCF），也称为现值。

Fred 说他了解 DCF。预测一个公司的未来现金流，用前文讨论过的机会资本成本把现金流折现到现在。麦肯锡公司帮助 Fred 在他的新概念商店中使用 DCF。麦肯锡公司用 10% 的折现率对预计现金流进行折现。在不考虑新业务模式时的公司折现现金流价值是 5300 万美元。考虑了新业务模式时的折现现金流价值上升到 6200 万美元。他对能够实施新业务模式感到很兴奋。

但是令 Fred 感到困惑的是，何时使用经济利润，何时使用 DCF？两者有何区别？

麦肯锡公司说事实上两者是一样的。如果用同样的资本成本对未来的经济利润折现，然后把折现后的经济利润加到今天已经投资的资本额上去，他就可以得到与 DCF 方法完全相等的结果（图 7-4）。

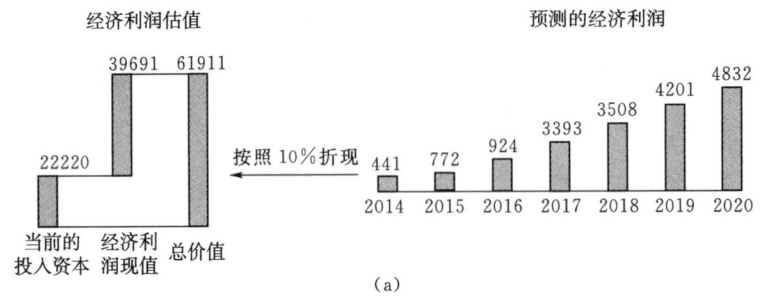

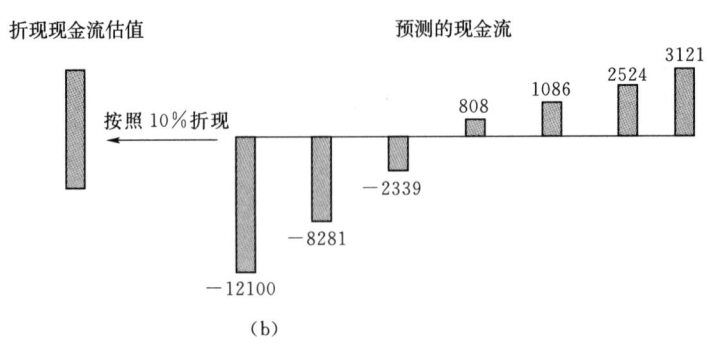

图 7-4　DCF 与经济利润估值的等价性（单位：10^3 美元）
(a) 以经济利润评估的；(b) 以现金流为基础

4．Fred 公司上市

有了 DCF，Fred 就有了一个重要的长期战略决策的依据。他在"硬件超市"业务模式取得成功后，带着很大的抱负再次来麦肯锡公司。他需要建立更多的商店，因此需要更多的资本。除此以外，还想为他的一些员工提供成为股东的机会，所以决定让公司上市。会出现哪些情况呢？

麦肯锡公司说现在他需要了解金融市场和实物市场的区别以及它们之间是如何相互关联的。麦肯锡公司需要向他说明在一个市场上的良好绩效并不必然地转化为另一个市场上的良好绩效。

到目前为止，他们一直在谈论实物市场：你能用你的投资获得多少利润和现金流？你是否在实现经济利润或现金流的最大化？在实物市场中，你的决策法则是简

第二节 企业价值创造的基本原理

单的,即选择和制定能够使未来现金流现值或未来经济利润现值实现最大化的战略和经营决策。

当一家公司进入金融(或资本)市场时,实物市场的决策规则在本质上是不会变化的,但是由于管理层必须同时面对外部投资者和分析员,因此情况变得更为复杂了。

当一家公司上市时,它向众多的投资者出售股票,这些投资者在有组织的市场上交易这些股票。投资者和投机者之间的交易活动为这些股票确定了一个市场价格。每个投资者为这些股票确定一个股票价值,并且根据当前股票价格是高于还是低于所估计的内在价值决定是否买卖。

内在价值以公司未来产生现金流的能力为衡量基础。这意味着投资者实质上是在购买他们预期的公司未来取得的绩效,而不是公司过去已经取得的绩效,更不是按成本计价的公司资产。

Fred问在出售股票时能卖到什么价钱?假设市场上对公司未来绩效的总体判断与他认为公司将来的状况相似。那么,第一步是预测公司的绩效,并对未来的预期现金流进行折现。以此分析为基础所得的内在价值是每股20美元。

Fred认为真有趣,因为他投入的资本额只是每股7美元。麦肯锡公司回应说,这意味着市场愿意为他获得的未来经济利润在投入资本之外多付13美元的溢价。但是Fred不明白如果投资者先行支付这个溢价,这些投资者将如何挣钱呢?

麦肯锡公司说,他们可能挣不到钱。先来看看如果公司的绩效与最初的估计完全吻合时,情况是什么样的。如果他公司的绩效与预期的完全一样,5年后对未来的预期没有变化,投资者对其他投资的预期回报率仍维持在10%,那么5年后公司价值将达到每股32美元。假设你不派发任何股息,那么今天以每股20美元购买的股票5年后能以每股32美元卖出,折算的年回报率是10%,与公司对他公司未来绩效折现的折现率完全相等。有意思的事情是,只要公司绩效与预期一样,公司股东的回报将等于他们的机会成本(假设机会成本不变)。

另一方面,如果比预期做得更好,股东回报会超过10%。如果比预期做得差,股东回报会低于10%。

可以打这样一个比方,投资犹如在一个球队身上打赌,但赌局中含有比分差(比分差是指比赛结束后对预期比分的差)。如果存在比分差,仅仅选对你认为会赢的球队还不够,还必须对比分差下注。如果你选了某一支球队,这个球队必须以高于预期比分差的分数赢得比赛才能算赢。因此,仅仅选对球队还不行,还必须要超过期望值!

也就是说Fred的投资者获得的回报不是由他公司的绩效决定的,而是由与预期相对的回报决定的。这意味着他必须同时在实物市场和金融市场上管理好公司的绩效。如果在实物市场上创造了大量价值(通过获得高于资本成本的回报和成长更快),但是没有做到与投资者预期的一样好,他们会失望的。作为管理者,他的任务是使公司的内在价值最大化并且恰当地管理金融市场的预期。

管理市场预期不是件容易的事。你不希望这个预期会太高或者太低。我们看到过公司向投资者承诺很好的绩效但随后没有实现其诺言。当市场认识到公司不能兑现时,不仅是股票价格下跌,而且公司要耗费几年的时间重塑信任。另外,如果市场的预期太低,而公司股票价格相对于公司面对的机会太低的话，公司会面临恶意收购的危险。

根据上述分析，Fred准备上市。于是Fred启动了首次公开上市，筹集到了公司所需要的资本。

5. Fred向相关业务扩张

Fred硬件迅速增长并且经常超过预期，因此公司股价在市场的表现上乘。Fred相信他的管理团队在硬件超市上会取得更大的增长，于是决定尝试一些新的业务模式：Fred家具和Fred园艺用品。但是，随着公司业务日益复杂，他开始担心如何才能管理好这些业务。Fred对如何管理自己的企业一向有很好的感觉，但随着企业规模增长，他不得不分散决策权，于是拿不准这样能否管理好企业。

他告诉麦肯锡公司他的财务人员已经制定了一个规划和控制体系，以密切监控每家店和每个部门的经济利润。每年制定下一个三年的经济利润目标，进度是按月监控的，而管理者的薪酬是与相对于这些目标的经济利润相联系的。尽管如此，他还是不确定公司是否在沿着他和市场预期的长期绩效目标前进。

麦肯锡公司认为Fred需要一个规划和控制体系去告诉他有关公司的"健康"情况、公司持续增长和创造价值的能力，他需要一个反映未来指标而不仅是反映过去指标的体系。

正如Fred所指出的，财务指标中存在的问题是它们不能告诉你公司管理者在组建面向未来的企业时做得如何。例如短期内，管理者通过削减客户服务（商店中随时帮助客户的员工数量或者员工培训），能够提高短期的财务绩效，或者推迟维修或品牌建设支出。你必须考虑与客户满意度或品牌创建有关的指标，这些指标能够说明未来，而不仅仅是反映现在的绩效。

最后Fred满意而去。他后来也常常对麦肯锡公司进行社交性拜访。

三、将价值创造案例上升到理论高度

Fred案例揭示了价值创造的基本原理。本部分得出了一个更有通用性的折现现金流评价方法。

1. DCF背后的直觉因素

为了显示折现现金流的作用，我们从一个简单的例子开始。表7-2为价值公司和数量公司的预期回报。

表7-2　　　　　　　　　价值公司和数量公司的预期回报　　　　　　　　单位：美元

回报 \ 时间	第1年	第2年	第3年	第4年	第5年
价值公司	100.0	105.0	110.3	115.8	121.6
数量公司	100.0	105.0	110.3	115.8	121.6

根据这些信息，你会为哪家公司掏更多的钱，价值公司还是数量公司？由于两家公司的未来回报是一致的，因此你也许会认为他们值同样多的钱。但是，回报会产生误导，还需要考查每家公司的增长方式。表7-3和表7-4是两家公司的预期现金流。

第二节 企业价值创造的基本原理

表7-3　价值公司的预期现金流　　　　　　　　　　　　单位：美元

时间 项目	第1年	第2年	第3年	第4年	第5年
回报	100.0	105.0	110.3	115.8	121.6
净投资	25.0	26.2	27.6	29.0	30.4
现金流	75.0	78.8	82.7	86.8	91.2

表7-4　数量公司的预期现金流　　　　　　　　　　　　单位：美元

时间 项目	第1年	第2年	第3年	第4年	第5年
回报	100.0	105.0	110.3	115.8	121.6
净投资	50.0	52.5	55.1	57.9	60.8
现金流	50.0	52.5	55.1	57.9	60.8

现在，你愿意为哪家公司支付更多的钱呢？大多数人会为价值公司掏更多的钱，因为它创造了更高的现金流。虽然盈利相同，但由于在实现同等利润增长率的过程中，价值公司的投资少于数量公司，因此价值公司的现金流高于数量公司。价值公司的再投资占其利润的25%，而数量公司必须将其利润的50%进行再投资才能产生同样的利润增长。

如果我们假设两个公司具有相同的风险，我们可以用相同的折现率折现现金流，假设折现率为10%。如果两个公司现金流保持5%的增长，我们可以使用增长的自由现金流永续年金公式对各个公司估值。

$$价值 = \frac{现金流量_{t=1}}{资本成本 - g}$$

该公式假设，公司的现金流将按照不变的增长率永远增长下去。

使用该公式，我们计算出价值公司的价值是1500美元，而数量公司的价值是1000美元。

我们也能够用公司的价值除以它们的当前回报计算出两个公司隐含的市盈率。价值公司的市盈率是15，数量公司的市盈率是10。因此，尽管回报和回报的增长率相同，两个公司的市盈率却不同。这个例子揭示了相对估值法（如市盈率法）的本质问题。使用市盈率法时，你可能会用价值公司的倍数比乘以数量公司的回报估算出数量公司的价值，尤其是在缺乏数量公司的现金流预测数据的时候。但这明显高估了数量公司的价值，相对估值方法不能直接估计投资者真正关注的问题。投资者不能够用回报去购买一处住宅或一辆轿车，只有经营产生的现金流才能被投资者用来消费或者进行其他投资。

折现现金流模型考虑了为了产生回报所需进行的资本支出和其他现金流而导致的价值差异。DCF一直以来被各公司用于评价资本支出方案。我们也可以使用DCF对整个业务估值，即将其视为多个单个项目的集合。

2. 现金流和价值驱动因素

从技术上看，一旦你已经估算并进行了现金流折现，你就已经完成了估值工作。然而，预测现金流并不一定能带来对公司绩效或竞争地位的深入见解。仅仅估算现金流，你回答不了这样的问题：预测与过去的绩效比较有何区别？预测与其他公司比较有何区别？能够提高或降低公司价值的主要因素是什么？

此外，短期的现金流不是好的绩效衡量指标。一年的现金流衡量指标是没有意义的，而且易被人为操纵。公司可以延迟资本支出或削减广告或者研究费用，以改善短期现金流。另外，大额负现金流不一定是一件坏事，只要公司将投资用于产生未来更大的现金流。

举个例子，表7-5是荷兰啤酒商喜力的历史和预计现金流。

表7-5　　　　　　　　　　喜力的历史和预计现金流

历史的自由现金流/百万欧元		预计的自由现金流/百万欧元	
2006年	197	2011年	-107
2007年	-495	2012年	181
2008年	42	2013年	320
2009年	-685	2014年	477
2010年	-1124	2015年	648

过多探讨这一系列数字意义并不大。

我们真正关心的是现金流的驱动因素。现金流和最终形成的价值有两个关键驱动因素：公司收入和利润的增长速度和投入资本回报率（相对于资本成本）。每一美元投资回报较高的公司比投资回报较低的公司更有价值。同样，在投入资本回报率相同（并且回报率高到足以满足投资者的要求）时，增长较快的公司比增长较慢的公司更有价值。

表7-6显示了喜力公司在增长和投入资本回报率方面的绩效。

表7-6　　　　　　　　喜力增长和投入资本回报率方面的绩效

项目	2006—2010年实际值/%	2011—2015年预计值/%
收入增长	10.7	7.2
税息折旧及摊销前利润（EBITA）增长	11.9	5.2
投资回报率（ROIC，包含商誉）	13.9	8.9
资本成本	8.2	7.5

把这些信息与我们所知的其他公司相比较，我们便能够更好地评价喜力公司的绩效。我们可以衡量喜力公司相对于所在行业的增长，也可以评价喜力的ROIC是在提高还是在下降，以及与其他著名品牌的消费品公司相比喜力公司绩效如何。在喜力案例中，增长预期从2006年到2010年的10.7%降低到下个5年的7.2%。由于收购和负面的汇率影响，ROIC的预期水平下跌明显，从历史上的14%降到不到9%。

为说明ROIC、增长和自由现金流之间的关系，我们接着构建了一个简单的估值模型。为建立这个模型，我们回到价值公司的例子上，并用模型表示每年产生的现金流。在第一年，价值公司的回报是100美元，净投资是25美元，因此现金流等于75美元（表7-7）。

第二节 企业价值创造的基本原理

表 7-7　　　　　　　　　价值公司第 1 年产生的现金流　　　　　　　单位：美元

项目	现金流
回报	100.0
净投资	25.0
自由现金流	75.0

为了增加利润，价值公司投资了 25 美元，假设新投资获得 20% 的回报，第 2 年的回报等于第 1 年的回报 100 美元加第 1 年投资的 20%，即 5 美元（25 美元×20%），共计 105 美元。（我们还假设第 1 年初资本基数的回报不变。）假设公司每年按照营业利润的一个固定比率进行再投资，而获得的新资本回报率也保持不变就得出我们之前列出的价值公司的现金流（表 7-8）。

表 7-8　　　　　　　　　　　价值公司现金流　　　　　　　　　　单位：美元

项目＼时间	第 1 年	第 2 年	第 3 年	第 4 年	第 5 年
回报	100.0	105.0	110.3	115.8	121.6
净投资	25.0	26.2	27.6	29.0	30.4
现金流	75.0	78.8	82.7	86.8	91.2

价值公司的回报和现金流每年增长 5%。为了实现这种增长，公司利润的 25% 用于再投资，回报率为 20%。可以说，在这个简单的背景下，公司的增长率是新投入资本的回报率和投资率（净投资除以营业利润）相乘的结果：

$$增长率＝新投入资本回报率×投资率$$

对于价值公司

$$增长率＝20\%×25\%＝5\%$$

现在来看数量公司的现金流。数量公司第 1 年的收入也是 100 美元，但数量公司的资本回报率仅为 10%。对于数量公司，要在第 2 年把利润提高 5 美元，它必须在第 1 年投入 50 美元。数量公司的现金流见表 7-9。

表 7-9　　　　　　　　　　　数量公司现金流　　　　　　　　　　单位：美元

项目＼时间	第 1 年	第 2 年	第 3 年	第 4 年	第 5 年
回报	100.0	105.0	110.3	115.8	121.6
净投资	50.0	52.5	55.1	57.9	60.8
现金流	50.0	52.5	55.1	57.9	60.8

在营业利润的增长率一定的情况下，投入资本的回报率越高，则形成的现金流越多。因此，尽管回报和增长率相同，但价值公司比数量公司更有价值。

现在来看看增长是如何驱动现金流和价值的。假设价值公司想提高其增长率（而且它可以同样的回报率投入更多的资本），如果价值公司希望增长 8% 而不是 5%，就必须每年投入回报的40%，见表7-10。

表7-10　　　　　　　　　　增长驱动现金流和价值　　　　　　　　　　单位：美元

项目 \ 时间	第1年	第2年	第3年	第4年	第5年
回报	100.0	108.0	116.6	126.0	136.0
净投资	40.0	43.2	46.6	50.4	54.4
现金流	60.0	64.8	70.0	75.6	81.6

我们注意到，价值公司的年现金流低于上个例子中的数值。在新的更高增长率下，前9年中价值公司的现金流都低于第一种情形的水平。但是自第10年起，现金流明显增大（表7-11）。哪种情形下会形成更高的价值呢？结果表明，只要新投入资本的回报率高于折现现金流的资本成本，更高的增长将产生更大的价值。在这两种情形下，如果我们假设增长和回报状况永远持续下去，且价值公司的资本成本为10%，那么5%增长下的现值是1500美元，8%增长下的现值则是3000美元。

因此，只要在以后年份能够获得更多补偿，投资者在早期接受较低的现金流是值得的。同时这也说明了为什么仅凭现金流无法有效评估绩效。价值公司在8%的增长率下虽然价值较高，但有若干年较低的现金流。

表7-11　　　　　　　　价值公司：不同增长率下的现金流　　　　　　　　单位：美元

项目	时间	第1年	第2年	第3年	第4年	第5年	第6年	第7年	第8年	第9年	第10年	第11年	第12年
5%的增长率	回报	100	105	110	116	122	128	134	141	148	155	163	171
	净投资	25	26	28	29	30	32	34	35	37	39	41	43
	现金流	75	79	83	87	91	96	101	106	110	116	122	128
8%的增长率	回报	100	108	117	126	136	147	159	171	185	200	216	233
	净投资	40	43	47	50	54	59	63	69	74	80	86	93
	现金流	60	65	70	76	82	88	95	103	111	120	130	140

表7-12显示出某假想公司在不同情况下的预期回报增长率和投入资本回报率矩阵。

表7-12　　　　　　　ROIC和回报增长率对价值的影响　　　　　　　单位：百万美元

回报增长率/% \ ROIC/%	7.5	10.0	12.5	15.0	20.0
3	887	1000	1058	1113	1170
6	708	1000	1117	1295	1442
9	410	1000	1354	1591	1886

注　假设初始的 $NOPLAT=1000$，$WACC=10\%$，25年之后 $ROIC=WACC$。

该图假设资本成本为10%。某个价值可以从不同的增长率和回报率组合中产生。由于公司并不能总是同时提高 $ROIC$ 和增长率，所以，像这样一张图有助于管理者设定长期绩效改善目标。ROIC 已经较高的公司，提高增长率比提高 ROIC 能创造更多的价值。相反，ROIC 低的公司依靠提高 ROIC 能创造更多价值。表 7-12 还表明新投入资本回报率不超过资本成本时的情况。如果回报刚好等于 WACC（加权平均资本成本），那么进一步增长既不创造也不破坏价值，这是因为投资者不会在只能获得与其他投资一样的回报时，为新的增长支付溢价。如果新投入资本回报低于 WACC，那么进一步增长实际上是在破坏价值。投资者投资其他公司可以获得更高的投资回报。

3. 企业金融的禅

在说明 ROIC 和增长决定现金流和价值后，我们可以更进一步建立起能够体现估值本质的简化公式。为保证前后一致，我们首先引入一些本书采用的术语。

(1) 扣除调整税后的净营业利润（Net Operating Profits Less Adjusted Taxes，NOPLAT）是指扣除与核心经营活动有关的所得税后公司核心经营活动产生的利润。

(2) 投入资本（Invested Capital，IC）是指公司在核心经营活动（主要是房屋、厂房和设备以及经营资金）上已投资的累计数额。

(3) 净投资是指在这一年和下一年间投入资本的增加额。

$$净投资 = 投入资本_{t+1} - 投入资本_t$$

(4) 自由现金流（Free Cash Flow，FCF）是指扣除新增资本投资后公司核心经营活动产生的现金流。

$$FCF = NOPLAT - 净投资$$

(5) 投入资本回报率是指公司投资一美元所获得的回报。ROIC 可以有两种定义，作为所有资本的回报率，或作为新投入或新增资本的回报率。本文中我们假设两种回报是相同的。

$$ROIC = \frac{NOPLAT}{投入资本}$$

(6) 投资率（Investment Rate，IR）是指 NOPLAT 中投回到公司的比例。

$$IR = \frac{净投资}{NOPLAT}$$

(7) 加权平均资本成本（Weighted Average Cost of Capital，WACC）是指投资者预期从所投资公司获得的回报率，因此可作为自由现金流的合理折现率。

(8) g（增长率）是指公司每年 NOPLAT 和现金流的增长率。

假定公司的收入和 NOPLAT 按照不变比率增长，并且公司每年从 NOPLAT 中拿出一个固定比例用于投资，那么每年投资所占的 NOPLAT 比率相同，则意味着公司的自由现金流将会按照固定的比率增长。

由于公司的现金流是按照一个固定的比率增长的，因此，我们可以从使用著名的现金流永续年金的公式来进行公司的价值评估：

$$价值 = \frac{FCF_{t=1}}{WACC - g}$$

该公式在金融和数学文献中已得到充分确立。根据 NOPLAT 和投资率定义自由现金流。

$$FCF = NOPLAT - 净投资 = NOPLAT - (NOPLAT \cdot IR)$$

$$FCF = NOPLAT(1-IR)$$

在前面，我们建立起 IR、公司预期的 $NOPLAT$ 增长率（g）和投资回报率（$ROIC$）之间的关系。

$$g = ROIC \cdot IR$$

用 g 求 IR，则：$IR = \dfrac{g}{ROIC}$

代入自由现金流定义公式：

$$FCF = NOPLAT\left(1 - \dfrac{g}{ROIC}\right)$$

代入价值公式得到关键价值因素公式：

$$价值 = \dfrac{NOPLAT_{t=1}\left(1 - \dfrac{g}{ROIC}\right)}{WACC - g}$$

代入价值公司和数量公司的预测假设，其结果与我们对其现金流折现的价值相等，见表 7-13。

表 7-13　　　　　　　　　　价值公司和数量公司价值

项目	$NOPLAT_{t=1}$/美元	增长率/%	ROIC/%	WACC/%	价值/美元
数量公司	100	5	10	10	1000
价值公司，5%增长率	100	5	20	10	1500
价值公司，8%增长率	100	8	20	10	3000

我们把关键价值因素公式称作企业金融的禅，原因是它把公司价值与经济价值的基本决定因素：增长、ROIC 和资本成本联系起来，甚至可以说这个公式已经包含了价值评估的全部内容，其他不过是细枝末节而已。

那么为什么我们没有在实践中使用这个公式呢？在有些情况下确实可以用，但在大多数情况下，这个模型过于严格，因为它假设 ROIC 和增长率在未来是不变的。对于关键价值因素会变化的那些公司而言，我们需要一个在预测上更为灵活的模型。因此，虽然我们在实践中用不到这个公式，但它可使我们牢记决定价值的几种关键因素，因此是极为有用的。

4. DCF 等于经济利润的现值

在我们讲述 Fred 的故事时，我们引入了经济利润这个概念。经济利润也可用于估算公司的价值，结果与 DCF 模型一致。

在经济利润模型中，公司的价值等于投入资本量加上一个相当于每年创造价值的现值的溢价。经济利润的概念早已不新鲜了，在时间上至少可以追溯到 1890 年，当时的经济学家阿尔弗雷德·马歇尔写道："在扣除当前利率下的资本利息之后，所有者拥有的利润可以被称为其工作或者管理的利润。"马歇尔说，在任何时期一家公司创造的价值（其经济利润），不仅需要考虑在会计记录上记载的费用，而且必须包括经营中投入资本的机会成本。

经济利润模型较之 DCF 模型的一个优势是，经济利润是认识任一单一年公司绩效的一种有效指标，而现金流则不是。例如，你不会通过比较实际和预期的自由现金流考查公司发展状况，因为某一年的现金流取决于对可能具备重要意义的固定资产和运营资金进行投资的主观决策。管理层通过延迟投资，可以以牺牲长期价值创造为代价轻而易举地改善某一年的现金流。

经济利润衡量公司在某个时期创造的价值，其定义如下：

$$经济利润 = 投入资本 \times (ROIC - WACC)$$

换句话说，经济利润等于投入资本回报率与资本成本之差乘以投入资本。价值公司投资了 500 美元，投入资本回报率是 20%，加权平均资本成本是 10%，该年的经济利润是 50 美元：

$$经济利润 = 500 \text{ 美元} \times (20\% - 10\%) = 500 \text{ 美元} \times 10\% = 50 \text{ 美元}$$

经济利润把规模、资本回报和资本成本转化成为一个单一指标。经济利润估值法是将未来的所有经济利润折现并加总。

上面的经济利润公式可以换个角度定义为税后营业利润减去公司投入资本费用：

$$经济利润 = NOPLAT - 资本费用 = NOPLAT - (投入资本 \times WACC)$$

利用新的公式，我们计算得到相同的经济利润：

$$经济利润 = 100 \text{ 美元} - (500 \text{ 美元} \times 10\%) = 100 \text{ 美元} - 50 \text{ 美元} = 50 \text{ 美元}$$

这个方法表明，经济利润在概念上与会计中的净利润相似，但经济利润明确扣除了公司的所有资本费用，而不仅仅是债务的利息。

按照经济利润估值法，公司的价值等于投入资本加上一个等于预期经济利润现值的溢价或折价：

$$价值 = 投入资本 + 预期经济利润的现值$$

我们已经知道，如果公司在各个时期获得的回报恰好等于 WACC，那么预期的自由现金流的折现价值应该刚好等于所投入的资本：既然公司没有创造价值，那么公司的价值刚好等于最初的投资额。只要看投资回报高于还是低于 WACC，就可知道公司的价值是比投资额高还是低。

如前所述，价值公司一年获得 50 美元的回报（其经济利润）高出了投资者的要求。所以，价值公司的价值等于 500 美元（估值时的投入资本额）加上经济利润的现值。在价值公司的案例中，公司的经济利润在第 1 年是 50 美元，每年按照 5% 增长。经济利润的现值可以用增长的永续年金公式计算：

$$经济利润的现值 = \frac{经济利润}{WACC - g}$$

$$经济利润的现值 = \frac{50 \text{ 美元}}{10\% - 5\%} = 1000 \text{ 美元}$$

因此，价值公司的价值是它的投资额 500 美元加经济利润的现值（1000 美元），即 1500 美元，这正好等于我们用折现现金流计算的价值。

5. ROIC 和增长驱动倍数

到目前为止，我们一直在集中探讨 ROIC 和增长率如何决定折现现金流和经济利润估值。其实我们也可以使用关键价值因素公式说明 ROIC 和增长率是如何决定市盈率和市净率等倍数指标的。

为了说明这一点，在关键价值因素公式两边同时除以 NOPLAT，则：

$$\frac{\text{价值}}{NOPLAT_{t=1}} = \frac{1 - \frac{g}{ROIC}}{WACC - g}$$

正如公式所示，公司的盈利倍数是由预期的增长率和资本回报率决定的。

你也可以把这个公式转变为一个价值/投入资本的公式。让我们从下列的恒等式开始：

$$NOPLAT = IC \cdot ROIC$$

代入关键的价值驱动因素公式，得到：

$$\text{价值} = \frac{IC \cdot ROIC \left(1 - \frac{g}{ROIC}\right)}{WACC - g}$$

用投入资本除以公式两端，得：

$$\frac{\text{价值}}{\text{投入资本}} = ROIC \frac{1 - \frac{g}{RONIC}}{WACC - g}$$

我们遇到许多高层管理者，他们认为市盈率主要是由增长驱动的，因此他们倾向于认为市盈率差异主要是由对增长的市场预期不同引起的。其实，这种观念在投资界已经根深蒂固，因为成长型股票通常被定义为高市盈率的股票。但是禅公式表明，盈利倍数是既由增长又由 ROIC 驱动的。

认识到市盈率倍数的决定因素很有用，我们可以从决定倍数的各项因素入手，确定市场对一家公司未来长期增长的预期。以宝洁和 Lowe's 公司为例，两者市盈率均约为 20 倍，见表 7-14。

表 7-14　　　　　　　　　　　宝洁和 Lowe's 公司的市盈率

公司	盈利倍数	ROIC 百分比	隐含的长期增长百分比
宝洁	20	38	5
Lowe's	20	12	9

我们建立起两个公司的 DCF 模型，并研究了采用何种有关未来 ROIC 和增长的假设会与每家公司的回报倍数相一致。我们假定 ROIC 不变（根据历史绩效和分析师的预测，这个假设是合理的），然后反推增长率。宝洁以很高的投资回报率和适当的增长率实现了 20 倍的市盈率。这与公司的历史绩效和所在产业的预期增长是一致的。Lowe's 的 ROIC 要低得多，但该公司的预期增长速度却快得多（也是与历史绩效和预期绩效一致）。

练　习　题

一、单项选择题

1. 公司经营的目标是：（　　）。
   A. 获取利润　　　　　　　　　　　　B. 企业价值最大化

C. 实现企业战略目标　　　　　　D. 扩大企业生产

2. 现金流和最终形成的价值有两个关键驱动因素，公司收入和利润的增长速度及（　　）。

A. 投入资本回报率　　　　　　　B. 短期现金流
C. 长期现金流　　　　　　　　　D. 资本成本

二、判断题

1. 股票市场永远要求短期绩效，这种压力会始终会存在。企业管理层需要权衡短期利润和长期价值创造。

2. 价值管理者关心的不是回报的季度变化，而是长期的现金流。他们对商业的判断靠的是回报是否高于机会成本，而不是靠规模、声誉或其他感情上的因素。

3. 价值管理者不仅需要将价值作为公司的整体战略目标（包括确定公司的业务组合、明确重大的战略举措和确定价值创造目标），而且必须确保公司的日常流程都与价值创造保持一致。

三、简答题

1. 简述价值管理者的作用。
2. 简述企业价值创造的基本原理。

第八章 企业绩效管理

第一节 企业绩效管理的基本内容

创造价值的目标贯穿于公司价值经理们每天作出的几千个业务决策之中。一个 CEO 或一群管理层不可能做出所有的这些决策,无论是复杂的决策,还是普通的决策。因此,公司需要建立各种体系,确保决策符合短期和长期目标,并且管理团队也可以清楚地看到各种决策是如何影响价值创造的结果。

绩效管理体系的系统,一般包括长期战略计划、短期预算、资本预算体系、绩效报告、评估和薪酬体系。成功的价值创造取决于这些绩效体系的所有组成部分都与公司的战略相一致,这样才能鼓励做出价值最大化的决策。例如,如果产品开发对于战略计划十分重要,短期预算和资本预算必须包括今年开发新产品所必需的开支,并且绩效评估必须要包括新产品开发的进展,而不仅仅关注短期利润。

绩效管理是让经理耗费最多时间的领域,然而,结果通常并不能让人满意。他们寻找能使体系发挥作用的神秘公式,或能指引所有人努力工作的秘密指标。然而,绩效管理是困难的,而且也没有快速的解决办法。虽然如此,通过一些学习将让这个过程更加有效。

一、绩效管理体系的演进

直到 20 世纪 80 年代中期,大多数公司的绩效管理体系着眼于维持公司的持续经营,偶尔才会侧重于实现净收入或每股收益(EPS)目标。通常,股东利益与经理的利益很少挂钩;工资收入是薪资的主要形式,所有奖金都与短期回报挂钩。恶意收购很少,因此经理的工作非常舒适。

到了 70 年代后期,包括 Joel Stern 和 Alfred Rappaport 在内的理论家和实践家们都倡导,在股东价值创造和公司管理方式之间建立更强的联系。这种绩效管理方法即是著名的基于价值的管理(VBM)。VBM 所包含的强有力的创意是将公司衡量体系与经济价值创造联系起来,这是一种传统的、基于会计衡量体系所不能做到的方式。这些早期项目的重点在于,确保在衡量体系中,应该充分考虑与业务相联系的资本成本。他们通过强调经济利润或 EVA 等一些指标来实现该目标。所有这些指标考虑了业务涉及的资本经济成本。对于经济利润或 EVA 而言,计算指标时需要特别包括业务涉及的资本经济成本。

经理薪酬应该和股东价值创造保持更加紧密的联系,这种思想已经深入人心并得到了广泛的接受。公司将管理层薪酬与经济利润绩效或 EVA 明确地联系在一起,公司还更多地使用基于股票的薪酬,尤其是经理股票期权。

VBM 所包含的思想是管理上的重要进步。今天,许多企业已经接受将管理层薪酬与股东价值创造相联系的思想,并明确承认权益资本的机会成本。但是,许多 VBM 项目的结果喜忧参半。例如,一组公开宣称开展 VBM 项目的样本公司的股东回报率,结果发现在 3~5 年之后，这些公司中大多数的绩效表现低于同类公司。VBM 已经诞生 20 多年了，许多经理对绩效管理体系的表现仍然差强人意，并感到仍有改善余地。

许多早期 VBM 项目失败源于两个管理错误：①许多经理制定出来的 VBM 项目最终还是注重短期绩效；②经理们过分强调考核，却忽视了更广泛的管理流程，例如，将这些新指标融入计划、绩效评估和薪酬之中。

许多 VBM 项目中，以 EVA 或经济利润指标代替净收益或者 EPS。虽然新指标优于其替代的指标，因为它考虑了业务所涉及的资本经济成本，但是，其实其依然是一个侧重短期绩效的年度指标。新指标没有衡量公司的长期健康，只是鼓励经理以牺牲长期投资为代价提升短期绩效。经理缺乏动力对产品开发、品牌建设、消费者满意度或员工发展方面进行投资。这些 VBM 项目取得的短期成果缺乏可持续性，或者以放弃未来的增长机会为代价。

早期 VBM 项目失败的另一个原因在于，公司太强调考核体系，而忽视使用新指标所需要的改变。实际上，这些公司建立了一流的基于价值的考核体系，但是却忘记了管理工作。有些公司从来没有将其绩效考核体系与对员工的评估方式联系起来，因此员工们并没有改变他们的工作重点。其他公司不重视 VBM 项目，或者是将其看做财务部门所做的工作，和业务经理的工作没有任何关系。例如，有一家公司，花多年时间建立了一个所谓的 VBM 体系，包括下放到各级业务的指标，精美的月度管理信息报告，涵盖了财务绩效、经营驱动因素、组织健康与客户服务的一流记分卡。但是，管理层并没有将其从仅属于财务部门的独立项目中扩展出来，在整个公司中全面推行。大约一年以后，该项目没有取得明显的效果，除了公司高层讨论之外，几乎没有经理使用或理解记分卡；有的人甚至不知道什么是记分卡，他们没有参与到项目制定中，不理解新记分卡的需求，也没有使用它的积极性。

二、有效的价值管理

无论是成功的或是不成功的公司，它们都已经认识到建立成功的绩效管理体系没有灵丹妙药。经理们并不能将属于他们的工作委托给体系。经理依然需要在绩效管理上投入大量时间。绩效管理的成败不在于一套指标、公司计划或各类模板，而是很大程度上取决于对该流程严格和认真的实施。CEO 能否理解各业务单元的经济效益，商议出既有挑战性又可以达到的绩效目标，从而增加价值？短期利益和长期利益之间的权衡取舍是透明化的吗？

当绩效管理运行良好时，它能帮助各级组织进行坦率而有效的交流。它给了经理管理的空间，同时让他们的老板确信，能够实现共同确认的绩效水平。在许多公司里，管理层之间唯一的交流就是某个业务单元是否可以实现利润目标。有了良好的绩效管理体系，对所实现利润背后的原因将投入同样多的注意力，就像对目标本身的关注一样。并且，可以就改进绩效的具体步骤进行对话。虽然我们不能提供简单的公式，但是，成功的绩效管理包括下列的一些重要因素：

（1）帮助各层面全面接受价值创造的重要性和理念。如果高层经理为了实现短期目标削减研发、广告或员工发展支出，那么中层经理就不太可能认可为长期价值创造进行管理的理念。没有公司高层领导的支持，公司不可能建立起一套成功的绩效管理体系。

（2）明确绩效和业务健康的基本驱动因素。许多公司缺少系统性的流程，以发现业务基本的价值驱动因素，并据此制定指标，例如制药业的产品推出速度，或在化学品及纸业等大宗商品行业中，投资建厂的最佳时机。

（3）一个能提供真正挑战和建立承诺的目标和远景制定的流程。该流程的结果是业务单元经理需要负责的目标。目标一方面要有实现的难度，另一方面又不能过于离谱，以致经理团队将其视为空中楼阁。

（4）以事实为基础的绩效评估过程，平衡短期绩效与长期增长。在太多绩效评估中，高级经理对评估的业务缺乏足够的了解，无法判断业务单元的绩效来自经理团队的聪明加努力还是单纯的运气好坏。

（5）在员工绩效评估/薪酬流程与职责划分间建立紧密联系。对经理绩效的评估与薪酬不能简化成和会计结果相关的一个简单公式，必须基于对工作完成情况的深入评估。

三、价值创造理念

在绩效管理成功的公司中，价值创造理念渗透在整个业务里。公司各级员工都理解价值思考的原则，知道为什么它重要，并能基于价值影响进行决策。员工能这样做的原因是，高层经理一直在所有沟通中强调价值理念的重要性，培养理解价值创造的能力和将价值创造和报酬相挂钩。

通常，管理价值被认为是一小部分经理的责任，这是错误的。这一小部分人一般包括CEO、董事会和那些负责绩效报告的财务部门人员，他们要保证财务报告设计恰当并按时完成，绩效指标与目标的偏差得以确认和解释。该财务小组的成员一般不是负责日常经营的经理，因此，在职责划分上存在不对称，财务小组对于日常决策如何影响价值的理解有限。

在设计绩效管理体系时，成功的企业投入时间，让业务经理在系统开发过程中参加双向讨论，消除差距。同样，他们也会打破财务小组与各职能经理之间的屏障。除了技术性的职位，如税法与会计以外，许多企业并没有为财务职能专门设计职业发展道路。相反，这些企业让其员工在经营业务与执行规划和绩效管理之间进行轮岗，使他们了解业务决策是如何影响价值的。

如果高层管理团队在每项互动中身体力行，公司就能渗透价值理念。重要的是，员工们看到经理的确言行一致。如果公司的高级经理为了达到预期季度回报，紧缩广告开支，这样的公司很难建立价值理念。在那些具有很强价值理念的公司里，CEO们在许多活动中以股票市场的视角来考虑问题。CEO们利用内部和外部的讲话，坚持灌输股东价值创造的重要性，提醒同事认清谁是公司真正的投资者。在最近的一次演讲中，英国石油公司的CEO——Browne爵士这样表述：成功的企业为许多不同的人创造财富。我们使用股东的资金，借助一定的技巧与技术使其升值，我们为股东创造了更多的财富。投入的钱不是来自……我们过去常常在卡通中看到的那些戴着高高的、黑帽子的资本家。投资者来自普通的储户——直接在股市投资或通过投资基金进行投资。我们的大多数投资者……是通过储蓄为退休做准备的个人和家庭。他们依赖对我们的投资，那是一项相当重要的责任……社会中企业的角色就是吸纳人们的储蓄，有效率地使用，并让我们委托人的财富增值。

四、价值驱动因素和价值指标

价值理念以理解公司的价值驱动因素为核心。价值驱动因素是短期或长期影响企业绩效，并能创造价值的行为。价值驱动因素包括增加超市连锁店的店铺数量，降低消费品公司的流动资本，以及建立软件公司的员工忠诚度。价值驱动因素还包括那些更具有战略性的行动，如为了消除过剩产能，与竞争对手某部门合并，或到成本更低的国家如印度开展离岸活动。

为了衡量对于价值驱动因素而言的经营绩效的好坏，公司综合使用价值指标和价值里程碑进行衡量。价值指标定量衡量了公司在价值驱动因素方面的业务表现。例如，新面积增加的百分比是衡量新店铺增长率的一种指标。对于其他一些价值驱动因素（尤其是那些更具有战略性的），因为很难确定具体的指标，公司使用价值里程碑来代替价值指标。价值里程碑衡量了公司业务在价值驱动因素相关活动方面的表现。在一个成熟的大宗商品材料制造业中，一个重要的价值驱动因素是与竞争对手合并，消除过剩产能（不进行合并，任何厂商都缺乏消除产能的动力）。为了衡量这一价值驱动因素的进展，公司在收购项目中可以使用里程碑如寻找接触潜在的合作者，获得反垄断当局的批准和完成交易。最后，业务最重要的前 10~15 个价值指标和价值里程碑，给出了公司的战略和行业背景，被称为公司的关键绩效指标。

历史绩效的主要组成部分是增长率和资本回报率，但是对历史增长率与资本回报率的衡量并不能告诉我们，未来增长率与资本回报率的潜力——公司的健康。这些历史指标也不会告诉经理应该怎样提高增长率和资本回报率。因此，讨论有效的绩效管理如何需要建立在理解基本的价值驱动因素的基础上，以及管理层如何使用这些驱动因素，重点确定价值创造的方式和领域。

（一）价值驱动因素

价值同时取决于短期绩效和长期绩效。因此，价值驱动因素必须包括与企业短期绩效有关的因素和与业务长期健康有关的因素。这样，使用恰当的成本控制，管理短期回报和现金流应该是公司价值驱动因素通常的组成部分。公司也必须明确长期的价值驱动因素，这样，经理在削减短期成本时，就不会牺牲产品开发，或对制造工厂实物资产的维护。

在特定的业务中，不同驱动因素的相对重要性取决于基本的微观经济法则。和大宗化学品相比，提升客户忠诚度对品牌消费品更重要，但是在大宗化学品中，成本与生产正常运行时间对价值影响要远远大于品牌消费品。

不同的价值驱动因素的重要性也取决于战略。即使在同个行业中，两个公司也会有不同的价值驱动因素。在零售业，有些公司如沃尔玛的竞争力是价格，而有些如 7 - Eleven 的竞争力则是便利。对于以价格竞争的公司，有效地管理供应链成本的重要性，要高于以便利竞争的公司，因为有效的供应链可使零售商通过低价格来吸引客户。相反，对于以便利竞争的公司而言，管理供应链、提升店铺产品的供产状况（存货的产品数量）才是更重要的价值驱动因素。寻求便捷服务的消费者在逛商店时希望能够买到想要的东西。

明确业务的价值驱动因素和每个驱动因素如何影响价值具备重要意义：

第一，如果经理了解价值驱动因素，那么他们在遇到追求某个价值驱动因素会连累另一个驱动因素使绩效下滑时的难题时，能够思路清晰地做出权衡。尤其是在实现短期绩效和建立长期健康的业务，维持未来绩效之间进行权衡时更为有用。这些权衡将带来实际的效果。增加长期投资将引起短期回报下降，因为管理层将某些成本，如研发与广告成本，作为成本发生当年的费用处理，而不是投资实现回报那年的成本处理。其他一些成本虽然被资本化了，但在项目运行之前没有获得利润，因此它们也会抑制短期的整体回报。

第二，它能够让管理团队安排行动的优先级，让那些预期能创造更大价值的行动拥有更高的优先级。设定优先级的价值在于鼓励有重点地开展工作,而不是同时改进多方面的表现。如果没有明确讨论优先级和权衡取舍,管理团队的不同成员将以不同的方式解释和执行企业战略。卓越的规划和绩效管理体系倡导使用共同的语言,即价值驱动因素方法,在组织的各个层面塑造管理层与员工对创造价值的思维方式。例如,在一家制药公司里,这种方法可以鼓励讨论和协调全公司层面的具体行动步骤,提高产品面世速度,加速价值创造。

(二) 制定价值驱动因素和价值指标

有的公司通过两个步骤,制定价值驱动因素和指标:①他们建立了对业务内部经济联系的理解,并确定了潜在的价值驱动因素;②他们明确优先级最高的价值驱动因素,因为这些因素的创造价值潜力最大。

1. 理解业务的经济联系,并确定潜在的价值驱动因素

第一阶段的核心工作是建立业务单元的价值树。价值树是一种系统方法,以分析角度,将业务的经营指标与财务指标以及股东价值,以可视化的方式相联系。财务绩效的每项要素被分解为经营指标。价值驱动因素和这些指标的每一项都有关系。图 8-1 显示了一家制造公司的简化版的价值树。

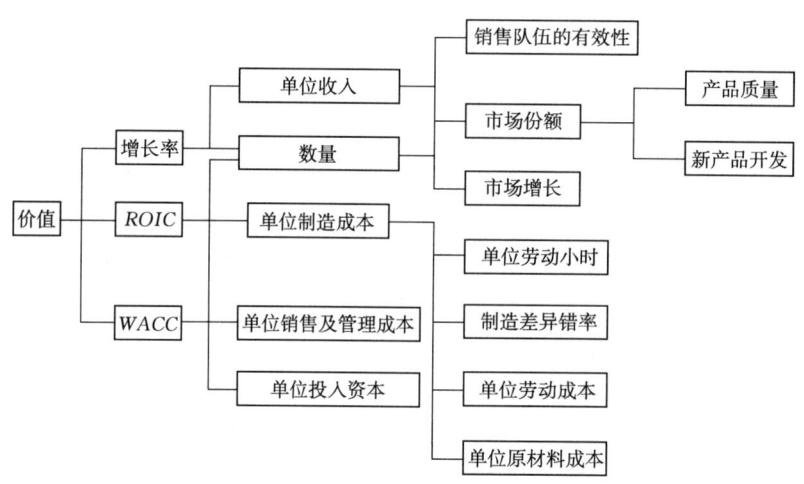

图 8-1 简单的价值驱动因素树:制造业公司

经理应该根据不同的假设与业务知识,建立不同初始版本的价值树,以鼓励发现非传统的价值来源。从这些版本获得的信息随后被整合成在一个价值树里(或者在有些情况下是几个价值树),反映对业务最准确的认识。如果业务单元内部的业务明显不同时(例如,一个业务单元同时包括零售部门与批发贸易部门),经理应该为业务单元的不同业务分别制定不同的价值树。

我们通过将价值树应用到一家人才中介公司来说明该过程。图 8-2 说明了制定公司价值树的 4 种不同方法。对经理而言,基于损益结构的价值树似乎最容易想到,且最容易完成。但是,这样的价值树并不能够产生从客户的角度,或者从其他相关、更有利的角度分析业务时产生的深刻理解。图 8-3 是一个汇总的价值树。为了构建这个价值树,经理吸收了其他价值树提供的最有用的见解,该过程为进一步制定价值树奠定了坚实的基础。

第一节 企业绩效管理的基本内容

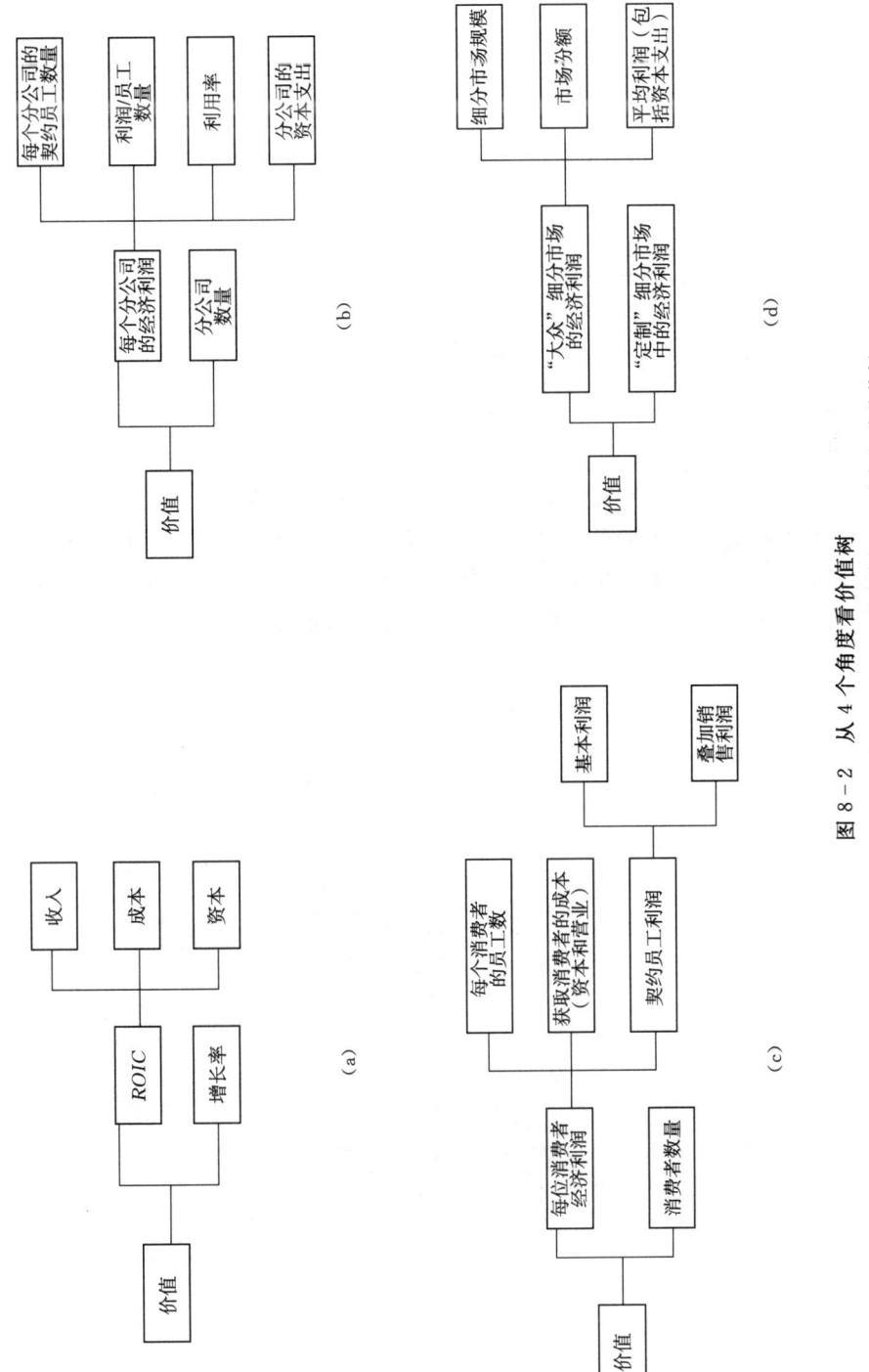

图 8-2 从 4 个角度看价值树
(a)损益表价值树;(b)分公司价值树;(c)消费者价值树;(d)市场细分价值树

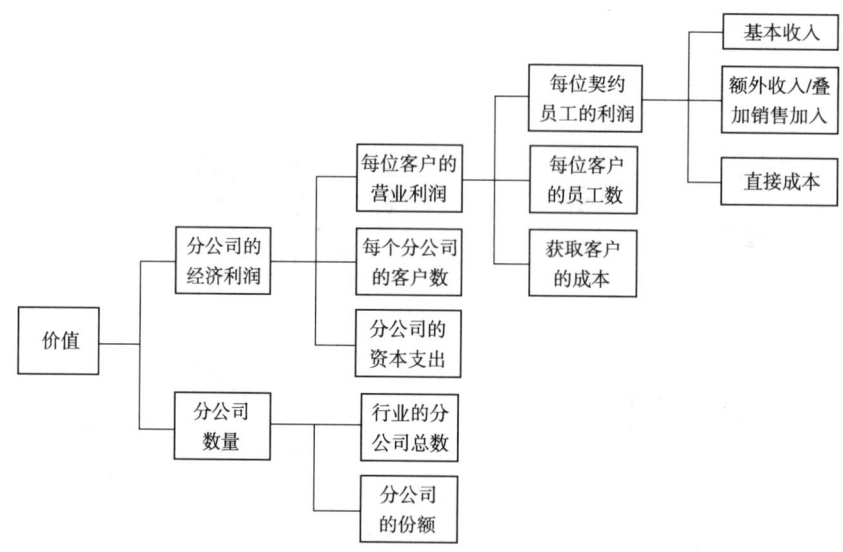

图8-3 人才中介公司短期价值树汇总

在建立价值树时,要特别注意增长率的价值驱动因素。在不同的增长率时期所采取的不同举措,其回报时间是不同的。但是,回报时间和经理孕育机会的时间点没有关系,经理必须投入精力和资金来实现机会。还是使用人才中介公司的例子,图8-4说明了为在新地理区域市场上发展业务而建立的价值树。重要的价值驱动因素包括在新的国家开拓市场和培养员工的能力。

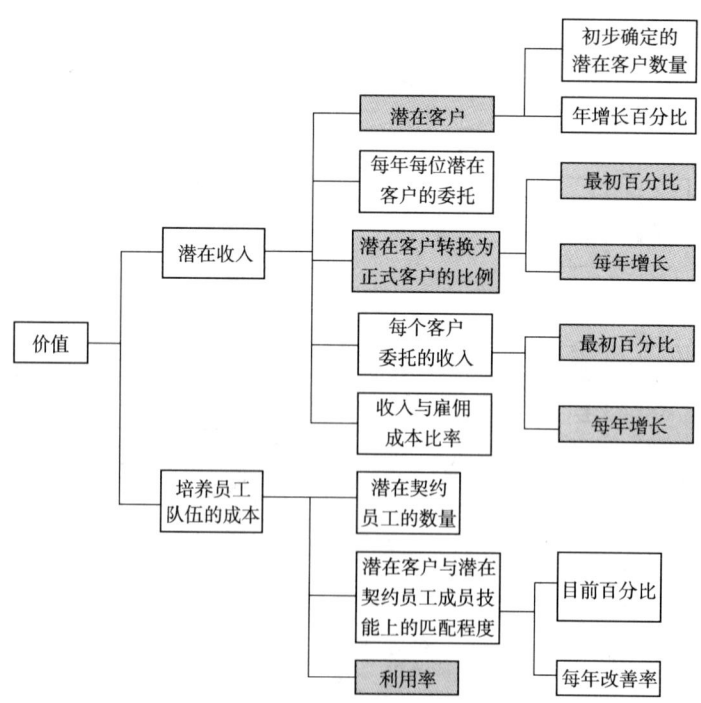

图8-4 中期期价值树汇总:人才中介公司,新地理区域市场
▬—关键价值驱动因素

2. 确定最高优先级的价值驱动因素

价值树上的每一枝都是一个潜在的价值驱动因素,因此完全分解后,我们将得到大量的价值驱动因素,肯定超过管理层有能力实际关注的驱动因素的数量。因此,建立价值树后的第二步就是通过提问,来筛选出业务的关键价值驱动因素。

(1) 价值驱动因素有实质性的影响。最简单的检验方法是,改变价值树中适当的指标,估计价值驱动因素的敏感性。例如,运输成本增加 1% 后,整个业务的物流成本将增加 x%。但是,在价值树中,用代数公式来代表输入并不是很容易能够做到的,例如,啤酒业务的广告支出与某个细分的消费者品牌渠道价值的关系。在这种情况下,要想检验广告费用是否是具有实质影响的价值驱动因素,你需要对啤酒行业营销费用的有效性有全面的理解。建立投入/产出关系时,你需要利用历史的市场营销研究、业务经理的经验和历史上"低成本高收效项目"分析。

(2) 业务对价值驱动因素的影响。第二项筛选评估业务可以促进和影响变化的程度。为了对价值驱动因素进行优先排序,经理必须估计驱动因素彼此有多大影响,然后使用价值树理解其对价值的相对影响。在评价业务对于每个价值驱动因素可能的影响时,考虑下列因素是有帮助的:

1) 外部环境允许发生改变吗?例如,对于零售商来说,如果政府规划部门不太可能批准进一步扩店计划,将增加店铺数量作为关键价值驱动因素将变得没有意义。

2) 当前的公司资产还有改进的余地吗?如果公司制造工厂目前的可靠性已经接近技术极限或接近行业最佳标准,那么进一步提升的潜力就很小。在这种情况下,提升可靠性就不太可能成为关键价值驱动因素。

3) 目前的技能和能力能为改变提供合适的基础吗?提出一套价值驱动因素固然很好,但是如果公司缺少必需的人力资源来应用它们,那么经理在创造价值之前,就必须首先培养能力。

(3) 考虑过预料之外的后果吗。过于关注某个价值驱动因素常常会带来预料之外的后果。例如,其他价值驱动因素对应的绩效可能会下降。一家公司着重提高工厂的可用率(工厂可以进行生产的时间),将其视为主要价值驱动因素。在高利润时期,其边际产量会产生可观的经济回报。但是,这也带来了包括过度维护、过度投资形成过剩产能,以及备件的过度库存等预料之外的后果。当利润率回到正常水平时,这些后果大大降低了利润。一种较好的选择是,制定一套能够管理预料之外后果的平衡的价值驱动因素。对于制造公司来说,改善可用率时要兼顾到维护有效性的管理。

(4) 价值驱动因素是可持续的吗。带来一次性价值(例如,通过整合新收购的业务单元实现的一次性成本协同效应)的价值驱动因素,应该和为公司持续创造价值的因素区别开来。对于制造业来说,如果没有专利保护并且竞争激烈的话,技术领先不能成为一项关键的价值驱动因素。

回答这些问题后,经理可以对真正反映不同层次业务重要性的 10~15 个价值驱动因素进行排序,并找出适当的价值指标。理想的情况是,这些价值驱动因素贯穿于整个组织之中。CEO 可能着眼于整体的生产率,值班经理可能更加注重自身工作时段内,具体部门的生产率。

精心定义和适当选择的关键价值驱动因素可以让管理层明确地阐述组织战略是如何创造价值的。如果不能使用关键价值驱动因素代表战略的某些组成部分或者某些关键价值驱动因素不能作为战略的基本组成部分，那么经理应该重新审视价值树，或筛选过程，或两者同时审视。

(5) 价值驱动因素和指标的宣传。无论是长期战略计划还是年度、月度绩效管理，价值驱动因素方法贯穿了整个绩效管理体系，但是关键价值指标可能取决于其目的而发生变化。例如，管理委员会将着眼于与整体业务绩效和健康相关的财务营业指标，而各级经理则更注重与每天绩效相关的经营指标，尤其是月度评估。

公司要实现明确的价值驱动因素和指标带来的好处，各级经理就一定要理解这些驱动因素和指标。制定价值驱动因素与指标的过程与因素与指标本身同等重要，因此公司各级管理团队必须参与价值驱动因素的制定过程。一个化工企业让 30 名高层人员参与到价值树的制定中，并通过检验确定最重要的价值驱动因素。在研讨会中，参与者讨论了新出现的关键价值驱动因素的相对重要性，以及它们与每项业务单元的战略目标如何联系。开始时，一些经理对此持怀疑态度，认为凭他们过去的商业经验，他们能够轻易地找到关键价值驱动因素，研讨会毫无价值。但是，在讨论过程中，他们惊奇地发现，大家在假设事项的优先级上存在实质性的不同。通过交换意见，可以很好地检验管理团队意见的一致性，以及管理团队是否能够清晰阐述为公司创造价值的方式。在该过程结束时，经理们都更好地理解了他们的业务。

五、有效的目标设定

有效绩效管理的第 3 个关键要素是，设定既有挑战性，又足以让"负责"标的经理能够实现的目标。我们重点阐述业务单元的目标设定，这也同样适用于公司内部的各级部门。设定目标过程中应该确保，对于那些要求达到目标的业务单元，目标不应该是理论性和不切实际的。同样重要的是，组织能将这些目标看作整个管理团队（虽然受到上层和平级之间的质询）追求的目标，而不只是其他人强加的任务。

协调自上而下和自下而上的目标，需要公司总部与各业务单元之间进行协商，该过程必须反复进行，最重要的前提条件是，公司总部要了解情况。高层经理，尤其是 CEO，需要了解每个业务单元的经济与经营环境，不受业务部门所提供息的干扰。

目标应该基于与关键价值驱动因素相关的实际改善机会，以及具体业务单元的基本经济状况。公司可以基于以下一些考虑，通过对特定的价值指标或里程碑进行对标，发现机会。

(1) 基本的经济分析：这包括根据产品市场和竞争环境，对潜在的收入增长和 ROIC 进行估计。公司可以估计一项业务潜在的市场规模，并根据竞争情况评估，将这项估计值转换成市场份额和收入目标。ROIC 目标可以基于市场竞争情况和类似市场上相关公司的经验而确定。

(2) 外部对标：该对标比较了公司的某一价值驱动因素，和类似同行业公司相比的表现。该分析可以清晰地显示公司相对于其竞争对手的表现，包括在哪些领域表现出色，在哪些领域表现落后。外部对标是值得信赖的，因为它们以公司实际的绩效水平为基础。公司常常可以从和其他类似行业的对标中获益。石油公司可能将其加油站的产品可获得性作为指标,和传统杂货店的产品可获得性进行对标。外部对标也可以包括非直接竞争对手。即使公司的产品和服务属于不同行业,如果其流程相类似,它们就可能具有相类似的价值驱动因素,并可能从对标中获益。汽车制造商开发的精益制造方法已经成功地移植到其他行业,包括零售和服务。例如,衡量返工活动的比例可以揭示和其他公司相比,某家公司流程的运行表现。

(3) 内部对标:这些对标比较了公司内部相类似部门的绩效。它们可能并不如外部对标那样具有挑战性,因为它们并不需要向世界级企业看齐。但是,内部对标有一些好处。数据更易获得,因为共享信息没有竞争和反垄断的问题。而且,内部对标也更加容易揭示绩效差异的原因,因为部门负责人可以访问对标部门。最后,这些比较便于展开同行评估。

(4) 自身对标:这包括对某一特定价值指标,对同一部门的历史绩效进行分析。如果业务部门能够证明,在相同设备、相同管理团队的管理下,实现了更高的绩效,那么它就克服了进行外部对标的主要障碍:即外部对标并不适用于公司内的特定部门。例如,一家公司发现其日产量变化很大,管理层按产量对生产日期进行排序,如图8-5所示,提示了业务单元在某些天内可以实现出色的绩效——证明这并非是不可能实现的任务。这项工作有助于经理了解提高产量应该采取的行动(在本例中,降低每天产量的波动,而不是去除瓶颈或增加产能)。

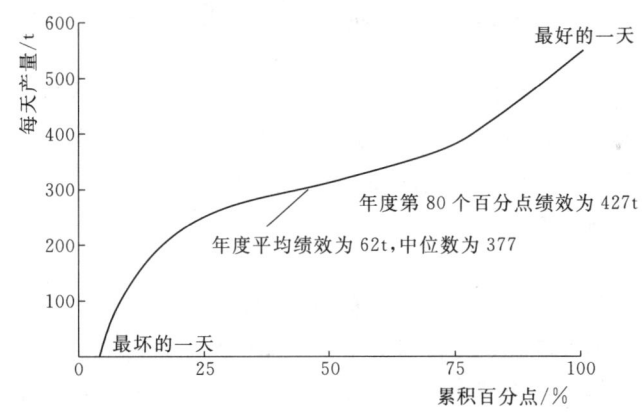

图8-5 最坏一天至最好一天的绩效排序

(5) 理论极限:一些流程和行动的效率有其物理极限。例如,在没有浪费的情况下,一个水泵可能需要$18kW \cdot h$的能量。如果该泵实际使用$25kW \cdot h$的能量,那么它是在理论极限的72%水平上运行。尤其在制造业,识别理论极限可以提示绩效的提升空间,即价值驱动因素能够提高效率的程度。

为了清晰理解并仔细应用这些指标,分析是必要的工作。一些公司建立了独立的分析小组,专门负责汇总和整理这些分析数据。

一些最有效率的公司除了进行自上至下的质疑之外,还让经营相类似业务的部门进行质疑。经营类似业务的同事对绩效改善的机遇较为熟悉,因此和普通经理相比,他们能进行更有效的质疑。绩效管理卓越的公司安排质疑讨论会,质疑内容不仅包括年度整体盈利能力，还包括资本支出计划、增长率、定价和成本。内部同等质疑还可以鼓励公司间互相支持，共同改善绩效。在一家加拿大最大的私有控股公司中，绩效最好的部门被安排帮助那些绩效相对差的同类部门。

当需要达到目标的部门也积极参与目标设定时，公司就有机会培养实现卓越绩效所需的理解和承诺，如一家全球消费品公司的实践经验。当集团总部的技术经理命令所有公司的装瓶线，不管其现在水平如何都必须达到75%的经营效率时，一些工厂的厂长拒绝接受。美国一家工厂厂长得出的结论是：53%的经营效率是它们最好的水平，将来最多维持历史的绩效水平。但是，工厂启动了一个项目，允许厂长自己设定目标，仅仅在14个月后他们就将经营效率提升至75%以上。

大多数绩效目标都是一个单一的点。但是，有些公司，包括通用电气，使用流程制定基本目标和挑战性目标。基本目标根据前一年的绩效与竞争环境，自上而下进行制定。公司期望经理在任何条件下都能实现基本目标，不能完成该目标的经理一般都待不长。挑战性目标是业务部门的远景目标，自下而上进行制定。管理层制定营业计划，力图实现挑战性目标。完成挑战性目标的管理层将获得奖励，但没有达到也很少受到惩罚。同时使用基本目标和挑战性目标，绩效管理体系将变得更加复杂，但能让业务单元的经理沟通其梦想的目标（和达到目标应采取的措施），不必承诺实现挑战性目标。

第二节 绩效评估

绩效评估不应该基于小道消息，而应该基于可衡量的事实。公司应该考虑使用绩效和健康记分卡，清楚揭示个人绩效，推动经理与下属的对话。基于事实的绩效评估将让领导与经理开诚布公，并有助于得出有效的绩效改进行动。

一、企业绩效评估的内涵

1. 衡量什么

基于事实的评估所需的最有价值的信息来自记分卡，内容包括价值驱动因素分析包含的关键价值指标。经理可能会认为仅财务报表就能作为绩效讨论的基础。其实，财务结果仅仅是评估过程的一部分。关键价值指标提示了财务报表背后包含的经营绩效。

图8-6中的消费品公司说明了利用一套关键价值指标的重要性。近几年来，某个业务单元的经济利润均稳定地实现双位数增长率。由于财务结果始终表现抢眼，事实上这是所有业务单元中最强的，公司经理很高兴，并没有向业务单元提更多的问题。有一年，该业务单元的经济利润出乎意料地开始下滑。当集团管理层开始深入挖掘原因后，他们发现在前三年里，该业务单元一直通过提升价格与削减产品营销费用来增加经济利润。这为竞争对手抢夺市场份额创造了条件。该业务单元强劲的短期绩效是以牺牲长期健康为代价换来的。公司更换了该业务单元的管理团队，但是在其恢复消费者中的地位之前，低利润持续了好几年。

公司总部同时发现，对所有业务单元均使用一种记分卡很方便。但这是短视的行为。虽然同一种记分卡会让业务单元间的绩效容易比较，但管理层错过了理解每个业务单位具体价值驱动因素的机会。在理想情况下，公司应该有定制的记分卡，层层下放到各个业务

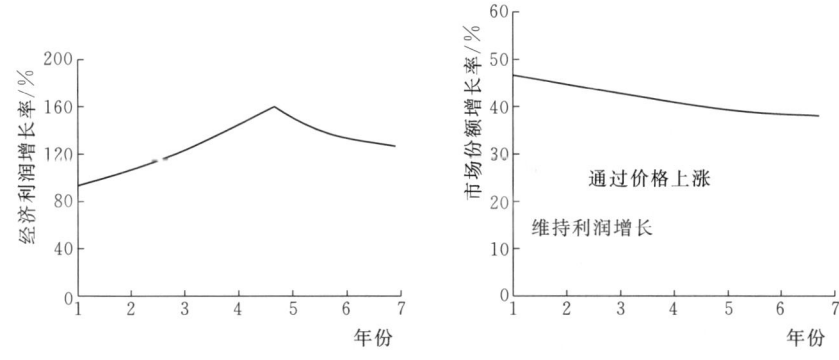

图 8-6 消费品公司：利润增长掩盖了下滑的市场份额

单元，这样每位经理才能够监控对其而言最重要的价值驱动因素。

2. 问题解决

经理应该将评估作为解决问题的会议，以确定不良绩效表现的根源。评估的目的不是要责备谁，而是通过解决问题以防止其再次发生。评估者需要为评估进行全面准备，并将传统式的单向讨论（"老板告诉，下级执行"）改变为合作讨论。同级员工进行双向讨论可以让大家集中到一起，分享独到的见解和值得尊重的意见。这会使问题解决过程效率更高，责任感更强，并消除任何以批评为主的评估。如果小心行事，评估能够激励一线经理与员工，而不是打击他们的积极性。一家公共运输部门筛选了一些供辩论的议题，并邀请一些人来解决这些问题将不重要的数据委托给单独渠道。但是，不管所选择的模式是什么，这都是经理或领导在设定组织基调与建立诚信水平上发挥关键作用的地方。在建设性的环境下，共同评估绩效将鼓励经理开诚布公，并承担更多的责任。但是，如果经理存在批评下属的思维，那只会适得其反。

我们看一下一家化工公司如何设计更有效的绩效评估方法。在引入 VBM 方法，让报告的数据更透明后的一年，公司仍没有看到期望的绩效提升。更糟糕的是，组织内几乎每个人都知道管理部门的绩效讨论是一件很虚伪的事。一些经理通过谎报他们的实际绩效，造成实现目标的假象；另一些则将未来的绩效目标制定得非常低，以确保其可以轻易实现。

公司的应对措施是：改变评估过程。曾经由部门领导或业务单元领导参与的、一对一的评估变成了较大范围的讨论，由部门领导与所有单元领导一同参与。会议不是仅对数据进行评估，而是着重讨论前一阶段所应吸取的重要教训，以及下一阶段面临的最大预期风险和机会。会议的重点不再是讨论个人成败，而是分享教训以及制定未来风险和机遇的解决方案。接下来，公司召开了一系列没有部门领导参加，只有单元领导参加的同级别会议。这些会议旨在评估计划，识别风险和机遇，以设定分配资本与资源的优先级。在新流程实施的第一年，资本费用降低了 25%，经过通常商业周期调整后的利润则增长了 10%。

二、绩效评价和薪酬考评中的职责划分

成功绩效管理的最后一个要素是建立每个经理和员工的职责与奖励。典型的奖励是物质奖励，有评论家认为，物质奖励已经过于泛滥。在过去的 10 年里，物质奖励，尤其是股票期权，达到了新的高度。随着长期的牛市延续到 20 世纪 90 年代晚期，经理们所得到的巨额奖励几乎与他们自己的绩效没有关系,反倒和他们控制范围之外的其他因素有关,如利率下降。当股票市场下跌时,公司仍要维持高水平的奖励。

许多人争论说,如今的薪酬体系是不健全的,因为这些体系几乎不将薪酬与公司的长期价值创造相挂钩。但是更好的方法还需要好多年的时间才能建立起来,并且变化的性质尚不明朗。不过,这里有几点新出现的主意,更好地将激励和价值创造相挂钩。

(1) 将基于股票的薪酬与公司特定的绩效相联系,排除宏观与行业的影响。

(2) 将高级经理薪酬的一部分与其离任后集团的绩效相联系。

(3) 健康指标应该与以短期财务绩效同样的重要性与奖金挂钩。

(4) 抛弃公式化的薪酬,转变为更加基于判断的体系。

除了物质奖励之外,公司还应通过非物质的手段激励员工。方法之一就是提供职业发展生涯,这是与公司价值与信念的又一种联系;员工从符合卓越的某种特别的业务方式中获得内在的满足感。

对于许多公司来说,绩效管理是价值创造最重要的驱动因素。然而要描述绩效管理是一件困难的事,更不用说很好地加以执行。但是,如果公司能够建立价值创造理念,澄清公司短期和长期价值驱动因素,制定员工相信并可以实现的挑战性目标,实施基于事实绩效评估并有效激励员工,其回报也是巨大的。

练 习 题

一、多项选择题

1. 企业绩效管理体系的系统,一般包括(　　)。
   A. 长期战略计划　　B. 短期预算　　C. 资本预算体系　　D. 绩效报告
   E. 评估和薪酬体系

2. 成功的绩效管理包括下列的一些重要因素(　　)。
   A. 帮助各层面全面接受价值创造的重要性和理念
   B. 明确绩效和业务健康的基本驱动因素
   C. 一个能提供真正挑战和建立承诺的目标和远景制定的流程
   D. 以事实为基础的绩效评估过程,平衡短期绩效与长期增长
   E. 在员工绩效评估/薪酬流程与职责划分间建立紧密联系

3. 为了衡量对于价值驱动因素而言的经营绩效的好坏,公司综合使用(　　)进行衡量。
   A. 价值指标　　B. 企业绩效　　C. 平衡计分卡　　D. 价值里程碑
   E. 绩效管理体系

二、判断题

1. 对于许多公司来说,绩效管理是价值创造最重要的驱动因素。

2. 成功的价值创造取决于这些绩效体系的所有组成部分都与公司的战略相一致,这样才能鼓励作出价值最大化的决策。

3. 除了物质奖励外,公司还应通过非物质的手段激励员工,方法之一就是提供职业

发展生涯。

4. 价值同时取决于短期绩效和长期绩效。因此，价值驱动因素必须包括与企业短期绩效有关的因素和与业务长期健康有关的因素。

5. 卓越的规划和绩效管理体系倡导使用共同的语言，即价值驱动因素方法，在组织的各个层面，塑造管理层与员工对创造价值的思维方式。

三、简答题

1. 价值驱动因素包括哪些方面的内容？
2. 简述企业绩效评估的内涵。

第九章 企业通过并购创造价值

兼并、剥离、合资和其他一些所有权变更交易是公司重新配置资源与执行战略的重要方式。在高级管理者职业生涯的某一时刻,他们应该会收到其他公司收购的协议,对正在出售的业务进行竞标,或与同事就一项交易的价值进行讨论。

兼并和收购长期以来一直是企业界的显著特征。19世纪晚期"强盗式资本家"的兴起令并购行为第一次声名狼藉,随后还有20世纪早期J.P.摩根等进行的产业整合。从那以后,在美国出现了几次并购浪潮,包括在20世纪60年代末经济繁荣时期的并购浪潮,在20世纪80年代中期备受争议的重组浪潮和最近在20世纪90年代末完成的超大规模交易。

并购已成为一种全球现象。在欧洲,受产能过剩和货币统一的推动,并购活动呈上升趋势。在日本,由于竞争激烈和对外资金抢购本国企业的忧虑,并购活动也正在增加。事实上,当今的许多交易都是跨国交易,它们要么有助于公司进入新的市场,要么促进了公司进行全球性的产业整合。对有的公司来说,进行收购与剥离本身就成为了一种公司战略。私募投资公司和其他产业整合者的行为显示出高超的并购能力是可以转化为股东价值的。

今天,所有权变更交易得到了一整套基础设施的支持甚至鼓励,包括投资银行家、公司律师、管理咨询顾问、会计师、公关公司、交易期刊和私人调查员。考虑到20世纪70年代末大多数投资银行甚至还没有设立并购部门,这一转变确实是非常巨大的。

第一节 通过并购创造价值的基本知识

一、并购中的获益方

经济学家、政界人士、新闻记者和社会公众一直在就谁从并购中获益这个问题争论不止。如果一项兼并带来垄断地位和价格上涨,那么它对股东来说是有利的,但对消费者来说却是有害的。另一种情况则是,真正的效率提升导致产品质量更高和价格更低。如果资源被持续转向其最佳用途,那么整个经济会更加充满活力,提供更大的机会,并创造更多的工作岗位。当然,当被兼并的公司缩减过剩产能并裁掉冗余岗位时,这些发展对那些因此而失去工作的工人来说是起不到什么安慰作用的。

虽然成功的并购战略会考虑收购对消费者、员工和社会所造成的影响,但本书的焦点是怎样为公司股东创造并管理价值。通过收购创造价值是有诀窍的。今天的公司控制权市场相当高效:既容易又划算的交易即使存在也很难到手。大多数成功的交易都是高度规范的交易构建的结果,而有时仅仅是运气好罢了。

很多实证研究已经检验了并购交易能否为股东创造价值。有力的实证证据证明,典型的收购无疑会给卖方创造价值。当被收购公司的股东获得超出公告发布前股价30%的平均溢价时，我们很难说收购未给他们创造价值。对于收购者，价值创造的证据却很不确实。考查资本市场对并购公告的反应的实证研究发现，经价值加权的一般交易会使收购方的股价下降1%~3%。以2011年1月—2013年9月美国和欧洲高于5亿美元的交易作为样本，通过分析发现，有半数的交易在资本市场上会带来在统计上显著的反应，收购方的股价在公告日前后10天的期间内会下跌。收购后的股票回报也不太好。Mark Mitchell和Erik Stafford发现，收购方在收购后3年内的绩效要比其可比公司低5%。

虽然市场并不赞成一般的交易，但许多交易确实为竞价公司创造了价值。因此，重要的是要辨别出那些区分创造价值的交易与破坏价值的交易的因素。学者研究指出有以下三点。

（1）强大的经营者会更加成功。实证研究显示，那些回报和股价的增长在收购前3年内高于行业平均水平的收购方在公告后会获得在统计上显著的正回报。另一项研究用市净率作为公司绩效衡量指标也得到了类似的结果。

（2）低交易溢价更好。研究者发现，那些支付高溢价的收购方在公告日后会获得负回报。

（3）能成为唯一竞价者更有利。几项研究已经发现，收购方的股票回报与竞价公司数量成负相关；竞价公司越多，收购价格越高。

整体上看，统计证据表明典型的收购并不会为收购方创造价值，但是每项交易的具体情况比总体统计数字更重要。你的公司是优秀的经营者吗？你公司的出众绩效会带动被收购公司的绩效提高吗？即使你现在是一个合适的所有者，在拍卖的热潮中你会出价过高吗？在统计中总会有例外情况，你的交易可能就是其中之一。因此，我们回到基本面，即只有始终注重价值创造才可以增加收购者的胜算。

二、通过并购创造价值的框架

如果目标公司的市场价值包含其折现自由现金流的价值，所需投资（表现为包括溢价在内的收购价格）将等于或高于该公司的当前价值。因此，要创造价值，就需要将合并后实体的预期自由现金流提高到超过当前预期的水平。

在评估并购机会时，我们依靠一个简单的框架衡量收购将为收购方股东创造多少价值。在最简单的形式下，收购方的净价值创造等于目标公司对收购方的价值减去所支付的价格：

（1）价值（你得到的）。总收购价值为目标公司的内在价值（用折现现金流法计算）加上业务合并将产生的协同效应的净现值。

（2）价格（你支付的）。收购方在交易公告前目标公司的市场价值加上必须支付的溢价。

将这一框架应用到一个假想的交易中。目标公司包含协同效应在内的价值为13亿美元，支付的价格为10.4亿美元。因此，交易创造的价值为2.6亿美元。

这一框架清楚地构建了经验丰富的管理者已经认识到的模型：真正驱动并购价值创造的是协同效应价值和相应的溢价（收购方需支付的高于市场价值的金额）的对比。下面将详细介绍框架的各个组成部分。

1. 市场价值与内在价值

在使用表 9-1 中的框架时，你必须首先分析目标公司的当前市场价值是否等于它在独立状态下的内在价值。我们常常听到高级管理者强调目标公司"被市场低估了"，并以此来证明进行收购的合理性。但是有多少情况下公司的内在价值真正超过市场价值呢？

表 9-1　　　　　　　　　　　　并购中的价值创造表现　　　　　　　　　　单位：百万美元

目标公司的内在价值	900	目标公司的市场价值	800
协同效应的净现值	400	支付的溢价	240
被收购资产的总价值	1300	支付的总价	1040
给收购方股东的价值		260	

虽然经过较长时期后市场价值会回归内在价值，但我们认为少数短期机会还是可能存在的。市场有时会对负面消息做出过度反应，如某个高管受到刑事调查，或热销产品组合中某个产品失败。在周期性行业中，资产在周期底部时常常会被低估。那些消息灵通、善于分析并富有远见的管理者会收购这些资产，此时这些资产相对于其实际经济潜力会比较便宜。在"完美远见"模型中将实际市场价值与内在价值进行比较，我们发现如果公司在周期底部时收购资产，并在周期顶部时售出，公司能使股东回报翻一番还多（与实际回报相比）。就像消息灵通的投资者可以通过把握市场时机获利一样，战略性买家也能够以低于资产内在价值的价格收购这些资产。

但是由于市场价值可能会偏离内在价值，管理者必须要警惕估值过高。想想 20 世纪 90 年代末的股市泡沫吧。那些兼并或收购了技术、传媒与电信企业的公司发现，当市场回到早前的水平时，它们的股价也急转直下。我们有必要严肃对待在市场膨胀时的过度支付，因为并购活动通常会在市场绩效强劲期之后增加。如果（或当）价格被人为推高，即使收购目标公司不需要支付高于市场价值的溢价，也必须有大规模协同效应才能证明一项收购的合理性。

根据我们的经验，通过低进高出创造价值的机会不仅很少，而且相对较小。要想真正创造价值，收购方必须能够增加合并后实体的未来现金流。

2. 通过协同效应创造价值

在收购另一家公司时，你必须采取措施以改善业务合并后的未来现金流。这些改善机会叫做协同效应。为了对协同效应进行彻底分析，我们应当记住价值创造的基础：价值增加只能来自更好的收入增长率、更高的利润率、更有效的资本利用率或更低的资本成本。

协同效应来自何处取决于你公司的战略与能力。如果你的公司在业内具备最高效的经营，协同效应很可能来自提升目标公司的投入资本回报率。类似地，如果你的战略是整合某一专门领域的众多小业务，你就需要降低成本，很可能是在采购、销售和行政方面，而且可能还需要降低行业的总体产能，提高资本效率。在这些情况下，收入协同效应可能发挥较小的作用。

相反，如果你的公司拥有无可比拟的分销网络，你可以通过购买一些分销能力有限却有上好产品的小公司以创造价值。许多大制药公司都会收购一些产品单一的小制药公司，这些小公司拥有潜在的拳头产品，却缺乏进入相应产品市场的渠道。大制药公司凭借自己强大的分销网络，不仅可以增加总的绝对销售额（通过进入尚未打开的市场），而且还可以加快对当前市场的渗透。

3. 实现协同效应代价高昂

为了控制目标公司，收购方必须向目标公司的股东支付超过当前市场价值的一个溢价（称为控制溢价）。虽然溢价高低不一，但平均控制溢价一直相当稳定，接近宣布目标公司股价的30%。对于有多家公司想要收购的目标公司，溢价还会大幅上涨。

在许多情况下，要求的溢价会达到（或超过）所能实现的协同效应。关于买家为什么要支付如此高价，学术理论指出下列几个原因：

（1）赢家的厄运。如果有几家公司都对一家目标公司进行估值，并且都可能获得大致相同的协同效应，那么对潜在协同效应估值最高的公司就会出最高的价格。由于这时所出的价格依据的是过高的估值而不是价值创造，因此，造成了"赢家"过多支付。

（2）搭便车问题。如果在接管目标公司后收购方并不能轻易"挤走"少数股东，那些选择不出售所持股份的股东会获得新合并企业的股权。如果总收购价值超过购买价格加上溢价，这些股东相对于那些按要约价出售所持股份的股东会获得更高的价值。由于目标公司股东更倾向于搭便车分享收购方的协同效应，而不是按要约价出售所持股份，所以股东没有出售所持股份的动力。为了说服目标公司股东出售所持股份，所有的价值创造必须要付给目标公司的股东。

（3）自以为是。收购方管理层过高估计了自己产生并获取协同效应的能力。

私人交易的溢价通常比较低，虽然由于缺乏公开的数据而难以收集相关的综合证据。在许多私人交易中，卖方是想剥离某一业务单元的公司。由于大股东控制着是否出售持股的决策，这些交易并不会有搭便车问题。同时，私人收购往往是源于卖方想出售的意愿，而不是买方想购买的意愿。

一般来说，收购方在大多数情况下都会支付一笔高于目标公司市场交易价格的溢价。那就意味着管理层必须恰当地识别、估算和获取潜在的协同效应。

三、并购支付的方式

你应该用现金还是股票支付呢？实证证据显示，在收购宣布前后，如果收购方提出用现金支付，那么收购方的股票回报通常要比它提出用股票支付高。但是，我们并不能仅仅根据总体统计数据就得出一个定论，毕竟即使那些支付现金的公司也可能过多支付。

假设你的公司在资金方面未受到限制，那么真正的问题就在于是否应该与目标公司的股东一起承担交易的风险和分享交易的回报。在用现金支付时，收购方的股东承担了实现协同效应和过多支付的所有风险。如果选择互换股票，那么目标公司的股东也会承担部分风险。

表9-2、表9-3表示了在一次假想的交易中，用现金支付和用股票支付对价值的影响。假设收购方与目标公司的市场总值分别为10亿美元和5亿美元。收购方支付30%的溢价，总价格为6.5亿美元。计算在两种情景下的交易后估算折现现金流价值：①协同效应比支付的溢价少5000万美元；②协同效应比支付的溢价多5000万美元。（为求简化，

我们假设目标公司与收购方的市场价值都等于其内在价值。）如果全用现金支付，目标公司的股东得到 6.5 亿美元，不管协同效应是否达到使溢价具有合理性的水平。这些股东并不分担实施风险。收购方的股东发现自己所持股份的价值在有利情况下增加 5000 万美元，在不利情况下减少 5000 万美元。他们承担了所有的风险。

表 9-2　　　　　　　　　交易前的公允价值

并购交易涉及各方	价值
收购方/百万美元	1000
目标公司/百万美元	500
支付的价格/百万美元	650
溢价/%	30

表 9-3　　　　　　　　　交易后的公允价值　　　　　　　　　单位：百万美元

对价情况	并购交易涉及各方	不利的情景	有利的情景
现金对价	收购方股东	950	1050
	目标公司股东	650	650
	收购方价值创造（破坏）	－50	50
股票对价	收购方股东	970	1030
	目标公司股东	630	670
	收购方价值创造（破坏）	－30	30

接下来，考虑互换股票的交易。目标公司的股东因为成了新成立的合并公司的股东，他们要承担实施风险。在有利情况下，他们的收购回报会随着协同效应的增加而增加：他们会得到 6.7 亿美元，而不是 6.5 亿美元。实际上，还会有更多的价值从收购方的股东转移给目标公司的股东。收购方的股东允许这种价值转移，是因为在实施不利的情况下他们也会受到保护。如果交易破坏了价值，那么目标公司的股东会得到的回报会更少，不过仍有不错的溢价，因为他们在合并后的公司中所持股份的价值为 6.3 亿美元，而交易前的价值为 5 亿美元。

从这个角度来看，两个关键问题会影响到你对支付方式的选择。

（1）你是否认为目标公司和（或）你的公司的价值被高估或低估了。在泡沫情景下，你会更倾向于用股票支付，因为大家都将分担市场修正的结果。在这一情景下，对两家公司价值相对高估的情况进行分析。如果你认为你的股票比目标公司的股票高估更多，那么它们本身就适于充做交易货币。

（2）你对交易的总体价值创造有多大信心。你对价值创造越有信心，你就应越倾向于用现金支付。

在风险共担的情况下，需要考虑最优的资本结构。你的公司能否通过发债筹集足够的现金以实现全部以现金收购目标公司？为了进行收购而过度扩大信用额度会损害借贷者。例如，有一家汽车供应商用现金进行了一连串收购，预期的协同效应并没能实现（部分是因为缺乏严格的执行),结果公司债台高筑而无力承担,最后公司被迫按破产方式重组其债务。

如果合并后公司的资本结构不能承受最初收购带来的债务,那么你就需要考虑部分或全部用股票支付,不管希望有怎样的风险分担机制。

第二节 通过并购创造价值的技巧

一、注重价值创造,而不是会计处理

许多管理者注重回报的增长与稀释效应,而不是价值创造。尽管众多研究显示,市场估值并不取决于收购的会计处理,而是取决于来自交易的估算价值创造,但他们仍然故我。注重会计指标是危险的,很容易导致错误的决策。

截至2005年,国际财务报告准则和美国公认会计准则都取消了商誉摊销。这一变动意味着在包含商誉的收购中回报稀释的情况比在旧会计准则下小了。因此,大多数用现金进行的收购会有回报增长,因为主要的稀释原因消失了。在换股交易的情况下,如果收购方的市盈率高于目标公司的市盈率,交易也会有回报增长。

新规则产生了一个新的危险区:收购有回报增长但却破坏了价值。如表9-4所示的假想的交易,你正在评估用5亿美元现金收购现在市场上价值4亿美元的公司。你的公司也就是收购方,价值16亿美元,净收入为8000万美元。为求简化,假设交易并无协同效应。你决定以税前利率为6%的债务来为这项交易融资。这项交易破坏了价值:你比公允价值多支付了1亿美元(记住,没有协同效应)。即便如此,次年的回报和每股收益实际上会上升,因为被收购公司的税后回报(3000万美元)超过了为新债所支付的税后利息(1950万美元),见表9-5。但是破坏价值的交易是怎样增加回报的呢?答案很简单,收购方是以其已有的资产为抵押按交易价值的100%举债。实际情况是,被收购的业务并不能独立支持这一债务水平。由于收购方给原股东增加了债务负担,却没有对他们承担的额外风险进行补偿。价值就这样被破坏了。只有当投入资本回报率超过目标公司独立存在时的资本成本时,股东才得到了适当的补偿。在我们假想的交易中,投资为5亿美元,税后利润为3000万美元,投入资本回报仅有6%。尽管它高于3.9%的税后债务融资成本,但却低于适当的资本成本。

表9-4 交易的基本情况假设

假 设	收购方	目标公司
净收益/百万美元	80	30
流通股/百万	40	10
每股收益/美元	2	3
收购公布前的股份/美元	40	40
市盈率/每股美元	20	13.3
市场价值/百万美元	1600	400
所支付的价格/百万美元		500

表 9-5　　　　　　　　　　不同交易对价下对每股收益的影响

项　　目	现金交易	换股交易
来自收购方的净收益/百万美元	80.0	80.0
来自目标公司的净收益/百万美元	30.0	30.0
额外利息1/百万美元	−19.5	0.0
收购后净收益/百万美元	90.5	110.0
原有股票/百万	40.0	40.0
新增股票/百万	0.0	12.5
股票数量/百万	40.0	52.5
收购前每股收益/美元	2.0	2.0
每股收益的增值/美元	0.3	0.1
收购后的每股收益/美元	2.3	2.1

现在假设用换股方式收购同一个目标公司。收购方为了给目标公司的股东提供25%的收购溢价，需要增发1250万股新股给目标公司的股东。交易后，合并后公司共有5250万股流通股，回报为1.10亿美元。新公司的每股收益上升至2.10美元，此项交易又是在没有任何价值创造的情况下实现了回报增长。由于新的每股收益仅仅是原有的两家独立公司的每股收益的加权平均值，因此它出现增长只是计算的结果，而不意味着创造了价值。

金融市场深知价值创造重于会计结果。在对2010—2011年美国117项高于30亿美元的交易所做的研究中，我们发现交易导致的回报增长或稀释并不是令市场产生反应的因素（表9-6）。无论公司的每股收益在交易完成后两年是更高、更低还是持平，都大约有41%的收购方得到了市场的正面反应。这一结果对于第一年和第二年每股收益的影响都是相当强劲的，不论是在什么时间段，对经风险调整后的回报和原始回报都是如此。同时，使用购买会计法（包含商誉）的公司与使用权益结合会计法（避免使用商誉，该方法现已被美国公认会计准则和国际财务报告准则禁止使用）的公司一样都能看到显著的积极市场回报。

表 9-6　　　　　　　　　　市场对每股收益的影响情况统计表

第2年每股收益受到的影响	获得市场正面反应的收购方所占百分比/%	获得市场正面反应的收购方所占百分比/%	样本数/个
增长	41	52	63
持平	40	43	23
稀释	42	54	31
平均	41	50	

注　1. 样本集为2010—2011年美国117项高于30亿美元的交易。
　　2. 回报增长与稀释这两种情况在回报方面的差异从统计上看并不显著；回报是用资本资产定价模型进行风险调整后的回报。

二、成功的收购者必须具备的因素

规范的收购者可以从并购中获取价值。要想成为一个成功的收购者并为股东创造价

第二节 通过并购创造价值的技巧

值,你必须:

1. 通过并购获得增长的权利

你的公司强大到足以收购另一家公司了吗?在考虑进行交易前,要审视你的公司凭着自己的经营和财务绩效(用竞争性指标衡量)是否算得上是出众的竞争对手。我们一再看到的却是弱者吞并弱者想成为市场强者的交易。虽然有些交易可能如愿以偿,但研究显示,要想通过并购创造价值,那你总体上应该是一家强大的公司。"三个臭皮匠,顶个诸葛亮"的俗话在并购中是行不通的。

2. 注重你可以产生影响的方面

成功的收购者会积极培育并持续筛选那些具有较好战略契合性的候选目标。反之而言,你不应该在收购候选目标上被动地对投资银行的建议做出反应。如果一个银行家主动向你推荐一家待售的公司,那么可能这家公司正在到处被兜售,在开展评估和尽职调查的时间压力下,你有可能会开出最高价,这几乎不可能是一剂成功的妙方。

最好的方法是针对潜在候选目标建立一个全面的数据库。由于距离收购的发生可能还有好几年时间,所以必须定期更新信息。建立一个好的候选目标数据库就像是撒开了一张大网。一定要把上市公司、公司下属部门、私人公司、外国公司及国内公司都考虑在内。一旦你建立了一张完整的列表,你会发现它在使用一系列排除标准以减少候选目标时(这被称为筛选流程)很有帮助。太大、太小或包含了太多不相关部门的目标公司都可以被排除。一套关键标准应该反映出你所设想的价值创造机制。如果你的公司在经营方面是同类当中的佼佼者,那就考虑收购那些你能够扭亏为盈的绩效不良的公司。如果你拥有独特的销售渠道,那就寻找那些拥有优秀的产品但销售队伍管理不佳的公司。

以通用电气为例,该公司20年来收购了一系列表面上属于低技术领域的公司。在这一增长时期,公司在工业业务上的投入资本回报率(不含商誉)从不到20%的水平上升至50%以上。扣除收购所带来的增长,通用电气的内涵式增长率与美国国内生产总值(GDP)的增长相当。该公司在价值创造方面的战略很明确:就是要发现那些通用电气可以将其业务提升至世界一流水平的企业。

清楚地了解你计划如何通过收购创造价值,从而使收购物有所值,这也会有助于你在下一步取得成功:估算交易的价值。

3. 恰当地估算协同效应

许多公司在收购过程中都破坏了价值,因为它们对潜在的协同效应过分乐观。为了对交易价值做出好的估算,在应用我们前面提出的指导方针时要非常谨慎:要将估值与外部标杆做比较,倒推出使溢价支付具有合理性而需要实现的协同效应,不要低估实施成本和时机问题。

4. 做一个有原则的谈判者

即使对协同效应做出了恰当的估算,收购方在出价时往往也会叫出超过现实的协同效应和行业经济状况极限的价格。要找到一个证明出高价的合理性的标杆是非常容易的,在讨价还价中也很容易放弃一些重要的非价格条款,从而制约收购方实现潜在协同效应的能力。不要忘了赢家的厄运:你的竞争对手要么放弃,要么竞价失败,那是因为它们无法证明出高价的合理性。一定要弄清你的公司仍然不放弃竞价的原因。

至少你应当对所有影响潜在价值创造的交易条款进行量化。卖方也许会坚持要求保证本地制造工厂的就业水平，或者为关键员工提供待遇优厚的雇用合同。而买方在谈判进行到高潮时可能会同意对那些协同效应小组认为是难以为继的产品的服务水平提供保证。简而言之，在谈判桌上讨论的溢价在谈判过程中不经意地上升了。凭空变更会极大地影响股东价值的创造，管理者在谈判过程中应该严格坚守价值创造的框架。

谈判小组与财务小组统一行动至关重要。价值创造框架应该每天更新，并将变化很好地记录在案。将重要条款量化可便于谈判负责人在条款之间进行取舍。财务小组应该能够审查协议草案，标出那些与有关协同效应来源的初步假设相矛盾的问题。

5. 规划并控制整合

虽然合并后管理超出了本书的范围，但接下来的3个主题会在合并后管理中对你有指导意义：尽早开始，建立一支强有力的团队，使用财务和非财务（经营）标杆跟踪实施。

6. 在宣布前尽早开始整合流程

在最近的一项研究中，麦肯锡并购后管理咨询业务部发现，执行速度与实现估算的协同效应的能力之间存在直接的相关性。经验显示，不能快速实现的协同效应可能永远也无法实现。我们建议实施规划与估值和谈判流程同时开始进行。在宣布收购时，你对谁将领导整合团队、合并后公司新的组织结构以及最好由谁担任新公司的重要职务都应该成竹在胸。

7. 授权于一支强有力的整合团队

整合团队的经理不应该是绩效不佳希望离开公司的人。恰恰相反，他或她应该是绩效优秀者，在进行任命时应该许诺其有望在合并后的公司中有持续的快速职业升迁。为整合经理提供支持的团队成员也应该同样强而有力，并得到长期提升的光明前途。

8. 在跟踪实施时使用非财务标杆

在整个实施阶段，从自下而上制定行动计划开始到最后解散整合团队，为设定协同效应目标而建立的非财务标杆对于跟踪实施成效都是至关重要的。一定要深入挖掘细节，如各职能部门的目标人员总数。通常必须建立一个相当复杂的数据库，以便对实施的成效进行跟踪，并监控每项行动的实施状态。要确保你拥有完成这项任务所需要的足够资源。

公司估值在并购过程中发挥着核心作用。一个良好的估值可以做到合理预期成功潜力，并且用过硬的数字表达有时会含混不清的想法。会计指标、战略愿景和直观感觉在今天竞争极其激烈的市场中起不到什么指导作用。

一个包含市场价值、内在价值、协同效应和所需溢价的简单框架把价值创造置于合适的位置上。你需要针对每个公司、协同效应和合并后的公司建立模型，直至得出自由现金流。这项艰苦工作会给你带来回报，使你对收购能否为股东创造价值有一个清晰的认识。

最后，不要忘记你必须控制这个流程。要找到目标公司，通过自我分析确定自己创造价值的能力。你甚至会发现，在获得收购并经营另一家公司的权利之前，你必须大力改善自己的组织。要决定你的最高出价，并将其作为精心筹划的谈判战略的一部分始终坚持。在交易完成后，要继续认真管理整合过程，以尽快实现可能稍纵即逝的协同效应。

练　习　题

一、选择题（可多选）

1. 在通过并购创造价值的框架中真正驱动并购价值创造的因素是（　　）。
   A. 目标公司的内在价值　　　　　　B. 目标公司的市场价值
   C. 协同效应价值　　　　　　　　　D. 相应的溢价

2. 在最简单的形式下，收购方的净价值创造等于（　　）。
   A. 总收购价值（用折现现金流法计算）加上业务合并将产生的协同效应的净现值
   B. 目标公司对收购方的价值减去所支付的价格
   C. 目标公司的内在价值
   D. 目标公司的市场价值

二、简答题

1. 论述不同并购支付方式的特点。
2. 简述要想成为一个成功的收购者并为股东创造价值所必须具备的因素有哪些？

参 考 文 献

［1］ 全国注册资产评估师考试用书编写组．资产评估［M］．北京：经济科学出版社，2007．
［2］ 科勒，戈德哈斯，威塞尔斯．价值评估　公司价值的衡量与管理［M］．高建，魏平，朱晓龙，等译．北京：电子工业出版社，2007．
［3］ 杨华．上市公司并购重组和价值创造［M］．北京：中国金融出版社，2007．
［4］ 汪海粟．企业价值评估［M］．上海：复旦大学出版社，2005．
［5］ 中国资产评估协会．企业价值评估指导意见（试行）讲解［M］．北京：经济科学出版社，2005．
［6］ 张家伦．企业价值评估与创造［M］．上海：立信会计出版社，2005．
［7］ 达蒙德里．价值评估　证券分析、投资评估与公司理财［M］．张志强，王春香，译．北京：北京大学出版社，2003．
［8］ 达莫达让．深入价值评估［M］．姜万军，译．北京：北京大学出版社，2005．
［9］ 俞明轩．企业价值评估［M］．北京：中国人民大学出版社，2004．
［10］ 王少豪．企业价值评估［M］．北京：中国水利水电出版社，2005．
［11］ 俞明轩．企业价值评估［M］．北京：中国财政经济出版社，2015．
［12］ 罗伯特·A.G.蒙克斯，亚历山德拉·里德·拉杰科斯．企业价值评估（金融学译丛）［M］．秦丹萍，译．北京：中国人民大学出版社，2015．